DOS DELITOS E DAS PENAS

Título original: *Dei Delitti e Delle Pene*
Copyright © Editora Lafonte Ltda. 2021

Todos os direitos reservados.
Nenhuma parte deste livro pode ser reproduzida sob quaisquer meios existentes sem autorização por escrito dos editores.

Direção Editorial	**Ethel Santaella**
Revisão	**Cristiane Fogaça**
Diagramação	**Demetrios Cardozo**
Imagem de capa	**Giuseppe Benaglia / Commons**

```
Dados Internacionais de Catalogação na Publicação (CIP)
       (Câmara Brasileira do Livro, SP, Brasil)

   Beccaria, Cesare, 1738-1794
      Dos delitos e das penas / Cesare Beccaria ;
   tradução Nelson Jahr Garcia. -- São Paulo :
   Lafonte, 2021.

      Título original: Dei Delitti e Delle Pene
      ISBN 978-65-5870-223-8

      1. Crimes e criminosos 2. Direito penal 3. Pena
   de morte 4. Penas (Direito penal) 5. Tortura
   I. Título.

21-91859                                      CDU-343
```

Índices para catálogo sistemático:

1. Direito penal   343

Aline Graziele Benitez - Bibliotecária - CRB-1/3129

Editora Lafonte

Av. Profª Ida Kolb, 551, Casa Verde, CEP 02518-000, São Paulo-SP, Brasil - Tel.: (+55) 11 3855-2100
Atendimento ao leitor (+55) 11 3855-2216 / 11 – 3855-2213 – atendimento@editoralafonte.com.br
Venda de livros avulsos (+55) 11 3855-2216 – vendas@editoralafonte.com.br
Venda de livros no atacado (+55) 11 3855-2275 – atacado@escala.com.br

DOS DELITOS E DAS PENAS

CESARE BECCARIA

tradução
Nélson Jahr Garcia

Lafonte

Brasil * 2021

ÍNDICE

Apresentação 7
Prefácio do autor 9
1. Introdução 15
2. Origem das penas e direito de punir 18
3. Consequências desses princípios 20
4. Da interpretação das leis 21
5. Da obscuridade das leis 25
6. Da prisão 27
7. Dos indícios do delito e da forma dos julgamentos 29
8. Das testemunhas 31
9. Das acusações secretas 35
10. Dos interrogatórios sugestivos 37
11. Dos juramentos 38
12. Da questão ou tortura 39
13. Da duração do processo e da prescrição 47
14. Dos crimes começados; dos cúmplices; da impunidade 51
15. Da moderação das penas 53
16. Da pena de morte 56
17. Do banimento e das confiscações 65
18. Da infâmia 66
19. Da publicidade e da presteza das penas 68
20. Que o castigo deve ser inevitável – das graças 70
21. Dos asilos 72
22. Do uso de pôr a cabeça a prêmio 74

23. Que as penas devem ser proporcionais aos delitos...................75

24. Da medida dos delitos...78

25. Divisão dos delitos..80

26. Dos crimes de lesa-majestade 81

27. Dos atentados contra a segurança dos
particulares e, principalmente, das violências.................................82

28. Das injúrias...85

29. Dos duelos..88

30. Do roubo..89

31. Do contrabando...90

32. Das falências... 91

33. Dos delitos que perturbam a tranquilidade pública................94

34. Da ociosidade..95

35. Do suicídio..96

36. De certos delitos difíceis de constatar................................... 100

37. De uma espécie particular de delito...................................... 103

38. De algumas fontes gerais de erros e de injustiças na legislação..... 104

39. Do espírito de família.. 107

40. Do espírito do fisco... 110

41. Dos meios de prevenir crimes 113

42. Conclusão.. 120

Apêndice.. 123

I – acusação de impiedade... 125

II – acusações de sedição.. 131

Extrato da correspondência de Beccaria e de
Morellet sobre o livro "dos delitos e das penas".................... 135

De Morellet a Beccaria... 135

De Beccaria a Morellet 139

APRESENTAÇÃO

"Dos delitos e das penas" é uma obra que se insere no movimento filosófico e humanitário da segunda metade do século XVIII, ao qual pertencem os trabalhos dos Enciclopedistas, como Voltaire, Rousseau, Montesquieu e tantos outros.

Na época havia grassado a tese de que as penas constituíam uma espécie de vingança coletiva; essa concepção havia induzido à aplicação de punições de consequências muito superiores e mais terríveis que os males produzidos pelos delitos. Prodigalizara-se a prática de torturas, penas de morte, prisões desumanas, banimentos, acusações secretas.

Foi contra essa situação que se insurgiu Beccaria. Sua obra foi elogiada por intelectuais, religiosos e nobres (inclusive Catarina da Rússia). As críticas foram poucas, geralmente resultantes de interesses egoísticos de magistrados e clérigos. A humanidade encontrava novos caminhos para garantir a igualdade e a justiça.

Estamos divulgando o texto por acreditarmos que deva ser lido de novo, especialmente no Brasil. A prática de torturas, entre nós, tem sido cada vez mais frequente. A pena de morte, que vai sendo abolida em países mais avançados, aqui tem sido proposta por inúmeros políticos raivosos. Crianças ficam encarceradas sob condições cruéis, às vezes bárbaras. Juízes corruptos vivem no conforto de suas mansões. Assassinos frios, por serem influentes, desfrutam de todas as mordomias.

Que o espírito de Beccaria nos ilumine.

Nélson Jahr Garcia

PREFÁCIO DO AUTOR

Alguns fragmentos da legislação de um antigo povo conquistador, compilados por ordem de um príncipe que reinou há doze séculos em Constantinopla, combinados em seguida com os costumes dos lombardos e amortalhados num volumoso calhamaço de comentários obscuros, constituem o velho acervo de opiniões que uma grande parte da Europa honrou com o nome de leis; e, mesmo hoje, o preconceito da rotina, tão funesto quanto generalizado, faz que uma opinião de Carpozow[1], uma velha prática indicada por Claro[2], um suplício imaginado com bárbara complacência por Francisco[3], sejam as regras que friamente seguem esses homens, que deveriam tremer quando decidem da vida e fortuna dos seus concidadãos.

É esse código informe, que não passa de produção monstruosa dos séculos mais bárbaros, que eu quero examinar nesta obra. Limitar-me-ei, porém, ao sistema criminal, cujos abusos ousarei assinalar aos que estão encarregados de proteger a felicidade pública, sem preocupação de dar ao meu estilo o encanto que seduz a impaciência dos leitores vulgares.

Se pude investigar livremente a verdade, se me elevei acima das opiniões comuns, devo tal independência à indulgência e às luzes do governo sob o qual tenho a felicidade de viver. Os grandes reis e príncipes que querem a felicidade dos homens que governam são amigos da verdade, quando esta lhes é revelada por um filósofo que, do fundo do seu retiro, mostra uma coragem isenta de fanatismo e se contenta em combater com as armas da razão as empresas da violência e da intriga.

---

(1) – Jurisconsulto alemão, do começo do século XVII.

(2) – Jurisconsulto piemontês, falecido em 1575.

(3) – Jurisconsulto italiano, famoso por sua crueldade, falecido em Roma em 1618. Deixou uma obra em treze volumes.

De resto, examinando-se os abusos de que vamos falar, verificar-se-á que os mesmos constituem a sátira e a vergonha dos séculos passados, mas não do nosso século e dos seus legisladores.

Se alguém quiser dar-me a honra de criticar meu livro, trate antes de apreender bem o fim que me propus. Longe de pensar em diminuir a autoridade legítima, ver-se-á que todos os meus esforços só visam a engrandecê-la e esta se engrandecerá, de fato, quando a opinião pública for mais poderosa do que a força, quando a indulgência e a humanidade fizerem que se perdoe aos príncipes o seu poder.

Críticos houve, cujas intenções não podiam ser honestas, que atacaram esta obra alterando-a[4]. Devo interromper-me um instante, para impor silêncio à mentira azoinada, aos furores do fanatismo, às calúnias covardes do ódio.

Os princípios de moral e de política, aceitos entre os homens, derivam em geral de três fontes: a revelação, a lei natural e as convenções sociais. Não se pode estabelecer comparação entre a primeira e as duas últimas, do ponto-de-vista dos seus fins principais; completam-se, porém, ao tenderem igualmente para tornar os homens felizes na terra. Discutir as relações das convenções sociais não significa atacar as relações que podem encontrar-se entre a revelação e a lei natural.

Uma vez que esses princípios divinos, embora imutáveis, foram de mil modos desnaturados nos espíritos corruptos, ou pela maldade humana, ou pelas falsas religiões, ou pelas ideias arbitrárias da virtude e do vício, deve parecer necessário examinar (pondo de lado quaisquer considerações estranhas) os resultados das simples convenções humanas, quer essas convenções tenham sido feitas realmente, quer se suponham vantajosas para todos. Todas as

---

[4] – Alusão ao frade Vincenzo Facchinei di Gorfri, do convento de Vallombrosa, que escreveu Notas e Observações cuja resposta vem publicada as Notas e Observações cuja resposta vem publicada no Apêndice deste volume.

opiniões, todos os sistemas de moral devem reunir-se necessariamente nesse ponto, e nunca se louvariam bastante os louváveis esforços tendentes a reconduzir os mais obstinados e os mais incrédulos aos princípios que levam os homens a viver em sociedade.

Podem, pois, distinguir-se três espécies de virtudes e de vícios, cuja fonte está igualmente na religião, na lei natural e nas convenções políticas. Jamais devem essas três espécies estar em contradição entre si; não alcançam, contudo, os mesmos resultados e não obrigam aos mesmos deveres. A lei natural exige menos que a revelação, e as convenções sociais menos que a lei natural. Assim, é muito importante distinguir bem os efeitos dessas convenções, isto é, dos pactos expressos ou tácitos que os homens se impuseram, porque nisso deve residir o exercício legítimo da força, nessas relações de homem a homem, que não exigem a missão especial do Ser supremo.

Pode dizer-se, portanto, com razão, que as ideias da virtude política são variáveis. As da virtude natural seriam sempre claras e precisas se as fraquezas e as paixões humanas não empanassem a sua pureza. As ideias da virtude religiosa são imutáveis e constantes, porque foram imediatamente reveladas pelo próprio Deus, que as conserva inalteráveis.

Pode, pois, aquele que fala das convenções sociais e dos seus resultados ser acusado de mostrar princípios contrários, à lei natural ou à revelação, por nada dizer a respeito?... Se diz que o estado de guerra precedeu a reunião dos homens em sociedade, é o caso de compará-lo a Hobbes[5], que não supõe para o homem isolado nenhum dever, nenhuma obrigação natural?... Não se pode, ao contrário, considerar o que ele diz como um fato, que foi tão somente a consequência da corrupção humana e da ausência das leis? Enfim, não é um erro censurar um escritor, que examina os efeitos

---

(5) – Thomas Hobbes (1588-1679), filósofo inglês autor do Leviatã, obra em que defende o materialismo em filosofia, o egoísmo em moral e o despotismo em política.

das convenções sociais, por não admitir antes de tudo a existência mesma dessas convenções?

A justiça divina e a justiça natural são, por sua essência, constantes e invariáveis, porque as relações existentes entre dois objetos da mesma natureza não podem mudar nunca. Mas, a justiça humana, ou, se se quiser, a justiça política, não sendo mais do que uma relação estabelecida entre uma ação e o estado variável da sociedade, também pode variar, à medida que essa ação se torne vantajosa ou necessária ao estado social. Só se pode determinar bem a natureza dessa justiça examinando com atenção as relações complicadas das inconstantes combinações que governam os homens.

Se todos esses princípios, essencialmente distintos, chegam a confundir-se, já não é possível raciocinar com clareza sobre os assuntos políticos.

Cabe aos teólogos estabelecer os limites do justo e do injusto, segundo a maldade ou a bondade interiores da ação. Ao publicista cabe determinar tais limites em política, isto é, sob as relações do bem e do mal que a ação possa fazer à sociedade.

Esse último objeto não pode acarretar nenhum prejuízo ao outro, porque todos sabem quanto a virtude política está abaixo das virtudes inalteráveis que emanam da Divindade.

Repito, pois, que, se quiserem dar ao meu livro a honra de uma crítica, não comecem por me atribuir princípios contrários à virtude ou à religião, pois tais princípios não são os meus; em lugar de me assinalar como um ímpio ou um sedicioso, contentem-se em mostrar que sou mau lógico ou ignorante político; não tremam a cada proposição em que defendo os interesses da humanidade; verifiquem a inutilidade de minhas máximas e os perigos que podem ter minhas opiniões; façam-me ver as vantagens das práticas recebidas.

Dei um testemunho público dos meus princípios religiosos e da minha submissão ao soberano, ao responder às Notas e Observações que se publicaram contra minha obra. Devo guardar silêncio em relação aos escritores que doravante só me opuserem as mesmas objeções. Mas, aquele que puser em sua crítica a decência e o respeito que os homens honestos se devem entre si, e quem tiver bastantes luzes para não me obrigar a demonstrar-lhe os princípios mais simples, de qualquer natureza que sejam, encontrará em mim um homem menos apressado a defender suas opiniões particulares do que um tranquilo amigo da verdade, pronto a confessar os seus erros.

1 INTRODUÇÃO

As vantagens da sociedade devem ser igualmente repartidas entre todos os seus membros.

No entanto, entre os homens reunidos, nota-se a tendência contínua de acumular no menor número os privilégios, o poder e a felicidade, para só deixar à maioria miséria e fraqueza.

Só com boas leis podem impedir-se tais abusos. Mas, de ordinário, os homens abandonam a leis provisórias e à prudência do momento o cuidado de regular os negócios mais importantes, quando não os confiam à discrição daqueles mesmos cujo interesse é oporem-se às melhores instituições e às leis mais sábias.

Além disso, não é senão depois de terem vagado por muito tempo no meio dos erros mais funestos, depois de terem exposto mil vezes a própria liberdade e a própria existência, que, cansados de sofrer, reduzidos aos últimos extremos, os homens se determinam a remediar os males que os afligem.

Então, finalmente, abrem os olhos a essas verdades palpáveis que, por sua simplicidade mesma, escapam aos espíritos vulgares, incapazes de analisar os objetos e acostumados a receber sem exame e sobre palavra todas as impressões que se lhes queiram dar.

Abramos a história, veremos que as leis, que deveriam ser convenções feitas livremente entre homens livres, não foram, o mais das vezes, senão o instrumento das paixões da minoria, ou o produto do acaso e do momento, e nunca a obra de um prudente observador da natureza humana, que tenha sabido dirigir todas as ações da sociedade com este único fim: todo o bem-estar possível para a maioria.

Felizes as nações (se há algumas) que não esperaram que revoluções lentas e vicissitudes incertas fizessem do excesso do mal uma orientação para o bem, e que, mediante leis sábias, apressaram a passagem de um para o outro. Como é digno de todo o reconhecimento do gênero humano o filósofo[6] que, do fundo do seu retiro obscuro e desprezado, teve a coragem de lançar na sociedade as primeiras sementes por tanto tempo infrutíferas das verdades úteis!

As verdades filosóficas, por toda parte divulgadas através da imprensa, revelaram enfim as verdadeiras relações que unem os soberanos aos súditos e os povos entre si. O comércio animou-se e entre as nações elevou-se uma guerra industrial, a única digna dos homens sábios e dos povos policiados.

Mas, se as luzes do nosso século já produziram alguns resultados, longe estão de ter dissipado todos os preconceitos que tínhamos. Ninguém se levantou, senão frouxamente, contra a barbárie das penas em uso nos nossos tribunais. Ninguém se ocupou com reformar a irregularidade dos processos criminais, essa parte da legislação tão importante quanto descurada em toda a Europa. Raramente se procurou destruir, em seus fundamentos, as séries de erros acumulados desde vários séculos; e muito poucas pessoas tentaram reprimir, pela força das verdades imutáveis, os abusos de um poder sem limites, e fazer cessar os exemplos bem frequentes dessa fria atrocidade que os homens poderosos encaram como um dos seus direitos.

Entretanto, os dolorosos gemidos do fraco, sacrificado à ignorância cruel e aos opulentos covardes; os tormentos atrozes que a barbárie inflige por crimes sem provas, ou por delitos quiméricos; o aspecto abominável dos xadrezes e das masmorras, cujo horror é ainda aumentado pelo suplício mais insuportável para os infelizes, a incerteza; tantos métodos odiosos, espalhados por toda parte,

---

[6] – Alusão a Jean-Jacques Rousseau, de cuja autoria são os livros: Discursos sobre as Ciências e as Artes e sobre a Origem da Desigualdade.

deveriam ter despertado a atenção dos filósofos, essa espécie de magistrados que dirigem as opiniões humanas.

O imortal Montesquieu[7] só ocasionalmente pode abordar essas importantes matérias. Se eu segui as pegadas luminosas desse grande homem, é que a verdade é uma e a mesma em toda parte. Mas, os que sabem pensar (e é somente para estes que escrevo) saberão distinguir meus passos dos seus. Sentir-me-ei feliz se, como ele, puder ser objeto do vosso secreto reconhecimento, oh vós, discípulos obscuros e pacíficos da razão! Sentir-me-ei feliz se puder excitar alguma vez esse frêmito pelo qual as almas sensíveis respondem à voz dos defensores da humanidade!

Seria este, talvez, o momento de examinar e distinguir as diferentes espécies de delitos e a maneira de puni-los; mas, o número e a variedade dos crimes, segundo as diversas circunstâncias de tempo e de lugar, nos lançariam num atalho imenso e fatigante. Contentar-me-ei, pois, com indicar os princípios mais gerais, as faltas mais comuns e os erros mais funestos, evitando igualmente os excessos dos que, por um amor mal-entendido da liberdade, procuram introduzir a desordem, e dos que desejariam submeter os homens à regularidade dos claustros.

Mas, qual é a origem das penas, e qual o fundamento do direito de punir? Quais serão as punições aplicáveis aos diferentes crimes? Será a pena de morte verdadeiramente útil, necessária, indispensável para a segurança e a boa ordem da sociedade? Serão justos os tormentos e as torturas? Conduzirão ao fim que as leis se propõem? Quais os melhores meios de prevenir os delitos? Serão as mesmas penas igualmente úteis em todos os tempos? Que influência exercem sobre os costumes?

Todos esses problemas merecem que se procure resolvê-los

---

(7) – Charles de Secondat, barão de Montesquieu (1689-1755), grande escritor francês, autor das Cartas Persas e dos livros Grandeza e Decadência dos Romanos e O Espírito das Leis.

com essa precisão geométrica que triunfa da destreza dos sofismas, das dúvidas tímidas e das seduções da eloquência.

Sentir-me-ia feliz se não tivesse outro mérito além do de ter sido o primeiro que apresentou na Itália, com maior clareza, o que outras nações ousaram escrever e começam a praticar.

Mas, se, ao sustentar os direitos do gênero humano e da verdade invencível, contribuí para salvar da morte atroz algumas das trêmulas vítimas da tirania ou da ignorância igualmente funesta, as bênçãos e as lágrimas de um único inocente reconduzido aos sentimentos da alegria e da felicidade consolar-me-iam do desprezo do resto dos homens.

2 ORIGEM DAS PENAS E DIREITO DE PUNIR

A moral política não pode proporcionar à sociedade nenhuma vantagem durável, se não for fundada sobre sentimentos indeléveis do coração do homem.

Toda lei que não for estabelecida sobre essa base encontrará sempre uma resistência à qual será constrangida a ceder. Assim, a menor força, continuamente aplicada, destrói por fim um corpo que pareça sólido, porque lhe comunicou um movimento violento.

Consultemos, pois, o coração humano; acharemos nele os princípios fundamentais do direito de punir.

Ninguém fez gratuitamente o sacrifício de uma porção de sua liberdade visando unicamente ao bem público. Tais quimeras só se encontram nos romances. Cada homem só por seus interesses está ligado às diferentes combinações políticas deste globo; e cada qual desejaria, se fosse possível, não estar ligado pelas convenções que obrigam os outros homens. Sendo a multiplicação do gênero humano, embora lenta e pouco considerável, muito superior aos meios que apresentava a natureza estéril e abandonada, para satisfazer necessidades que se tornavam cada dia mais numerosas e se cruzavam de mil maneiras, os primeiros homens, até então selvagens, se viram forçados a reunir-se. Formadas algumas sociedades, logo se estabeleceram novas, na necessidade em que se ficou de resistir às primeiras, e assim viveram essas hordas, como tinham feito os indivíduos, num contínuo estado de guerra entre si. As leis foram as condições que reuniram os homens, a princípio independentes e isolados sobre a superfície da terra.

Cansados de só viver no meio de temores e de encontrar inimigos por toda parte, fatigados de uma liberdade que a incerteza de conservá-la tornava inútil, sacrificaram uma parte dela para gozar do resto com mais segurança. A soma de todas essas porções de liberdade, sacrificadas assim ao bem geral, formou a soberania da nação; e aquele que foi encarregado pelas leis do depósito das liberdades e dos cuidados da administração foi proclamado o soberano do povo.

Não bastava, porém, ter formado esse depósito; era preciso protegê-lo contra as usurpações de cada particular, pois tal é a tendência do homem para o despotismo, que ele procura sem cessar, não só retirar da massa comum sua porção de liberdade, mas ainda usurpar a dos outros.

Eram necessários meios sensíveis e bastante poderosos para comprimir esse espírito despótico, que logo tornou a mergulhar a sociedade no seu antigo caos. Esses meios foram as penas estabelecidas contra os infratores das leis.

Disse eu que esses meios tiveram de ser sensíveis, porque a experiência fez ver quanto a maioria está longe de adotar princípios estáveis de conduta. Nota-se, em todas as partes do mundo físico e moral, um princípio universal de dissolução, cuja ação só pode ser obstada nos seus efeitos sobre a sociedade por meios que impressionam imediatamente os sentidos e que se fixam nos espíritos, para contrabalançar por impressões vivas a força das paixões particulares, quase sempre opostas ao bem geral. Qualquer outro meio seria insuficiente. Quando as paixões são vivamente abaladas pelos objetos presentes, os mais sábios discursos, a eloquência mais arrebatadora, as verdades mais sublimes, não passam, para elas, de um freio impotente que logo despedaçam.

Por conseguinte, só a necessidade constrange os homens a ceder uma parte de sua liberdade; daí resulta que cada um só consente em pôr no depósito comum a menor porção possível dela, isto é, precisamente o que era preciso para empenhar os outros em mantê-lo na posse do resto.

O conjunto de todas essas pequenas porções de liberdade é o fundamento do direito de punir. Todo exercício do poder que se afastar dessa base é abuso e não justiça; é um poder de fato e não de direito[8]; é uma usurpação e não mais um poder legítimo.

As penas que ultrapassam a necessidade de conservar o depósito da salvação pública são injustas por sua natureza; e tanto mais justas serão quanto mais sagrada e inviolável for a segurança e maior a liberdade que o soberano conservar aos súditos.

3 CONSEQUÊNCIAS DESSES PRINCÍPIOS

A primeira consequência desses princípios é que só as leis podem fixar as penas de cada delito e que o direito de fazer leis penais não pode residir senão na pessoa do legislador, que representa toda a sociedade unida por um contrato social.

---

[8] – "Observe-se que a palavra direito não contradiz a palavra força. O direito é a força submetida a leis para vantagens da maioria. Entendo por justiça os laços que reúnem de maneira estável os interesses particulares. Se esses laços se quebrassem, não haveria sociedade. É mister que se evite ligar à palavra justiça a ideia de uma força física ou de um ser existente. A justiça é pura e simplesmente o ponto de vista sob o qual os homens encaram as coisas morais para o bem-estar de cada um. Não pretendo falar aqui de justiça de Deus, que é de outra natureza, tendo relações imediatas com as penas e as recompensas de uma vida futura".

Ora, o magistrado, que também faz parte da sociedade, não pode com justiça infligir a outro membro dessa sociedade uma pena que não seja estatuída pela lei; e, do momento em que o juiz é mais severo do que a lei, ele é injusto, pois acrescenta um castigo novo ao que já está determinado. Segue-se que nenhum magistrado pode, mesmo sob o pretexto do bem público, aumentar a pena pronunciada contra o crime de um cidadão.

A segunda consequência é que o soberano, que representa a própria sociedade, só pode fazer leis gerais, às quais todos devem submeter-se; não lhe compete, porém, julgar se alguém violou essas leis.

Com efeito, no caso de um delito, há duas partes: o soberano, que afirma que o contrato social foi violado, e o acusado, que nega essa violação. É preciso, pois, que haja entre ambos um terceiro que decida a contestação. Esse terceiro é o magistrado, cujas sentenças devem ser sem apelo e que deve simplesmente pronunciar se há um delito ou se não há.

Em terceiro lugar, mesmo que a atrocidade das mesmas não fosse reprovada pela filosofia, mãe das virtudes benéficas e, por essa razão, esclarecida, que prefere governar homens felizes e livres a dominar covardemente um rebanho de tímidos escravos; mesmo que os castigos cruéis não se opusessem diretamente ao bem público e ao fim que se lhes atribui, o de impedir os crimes, bastará provar que essa crueldade é inútil, para que se deva considerá-la como odiosa, revoltante, contrária a toda justiça e à própria natureza do contrato social.

4 DA INTERPRETAÇÃO DAS LEIS

Resulta ainda, dos princípios estabelecidos precedentemente, que os juízes dos crimes não podem ter o direito de interpretar as leis penais, pela razão mesma de que não são legisladores. Os juízes não receberam as leis como uma tradição doméstica, ou como um testamento dos nossos antepassados, que aos seus descendentes deixaria apenas a missão de obedecer. Recebem-nas da sociedade viva, ou do soberano, que é representante dessa sociedade, como depositário legítimo do resultado atual da vontade de todos.

Não se julgue que a autoridade das leis esteja fundada na obrigação de executar antigas convenções[9]; essas velhas convenções são nulas, pois não puderam ligar vontades que não existiam. Não se pode sem injustiça exigir sua execução; seria reduzir os homens a não passar de um vil rebanho sem vontade e sem direitos. As leis emprestam sua força da necessidade de orientar os interesses particulares para o bem geral e do juramento formal ou tácito que os cidadãos vivos voluntariamente fizeram ao rei.

Qual será, pois o legítimo intérprete das leis? O soberano, isto é, o depositário das vontades atuais de todos; e não o juiz, cujo dever consiste exclusivamente em examinar se tal homem praticou ou não um ato contrário às leis.

O juiz deve fazer um silogismo perfeito. A maior deve ser a lei geral; a menor, a ação conforme ou não à lei; a consequência, a liberdade ou a pena. Se o juiz for constrangido a fazer um raciocínio a mais, ou se o fizer por conta própria, tudo se torna incerto e obscuro.

Nada mais perigoso do que o axioma comum, de que é preciso

---

(9) – "Se cada cidadão tem obrigações a cumprir para com a sociedade, a sociedade tem igualmente obrigações a cumprir para com cada cidadão, pois a natureza de um contrato consiste em obrigar igualmente as duas partes contratantes. Essa cadeia de obrigações mútuas, que desce do trono até à cabana e que liga igualmente o maior e o menor dos membros da sociedade, tem como único fim o interesse público, que consiste na observação das convenções úteis à maioria. Violada uma dessas convenções, abre-se a porta à desordem. – A palavra obrigação é uma das que se empregam mais frequentemente em moral do que em qualquer outra ciência. Existem obrigações a cumprir no comércio e na sociedade. Uma obrigação supõe um raciocínio moral, convenções racionadas; não se pode, porém, emprestar à palavra obrigação uma ideia física ou real. É uma palavra abstrata que precisa ser explicada. Ninguém pode obrigar-vos a cumprir obrigações sem saberdes quais são tais obrigações". Nota de Beccaria.

consultar o espírito da lei. Adotar tal axioma é romper todos os diques e abandonar as leis à torrente das opiniões. Essa verdade me parece demonstrada, embora pareça um paradoxo aos espíritos vulgares que se impressionam mais fortemente com uma pequena desordem atual do que com consequências distantes, mas mil vezes mais funestas, de um só princípio falso estabelecido numa nação.

Todos os nossos conhecimentos, todas as nossas ideias se mantêm. Quanto mais complicadas, tanto maiores são as suas relações e resultados.

Cada homem tem sua maneira própria de ver; e o mesmo homem, em diferentes épocas, vê diversamente os mesmos objetos. O espírito de uma lei seria, pois, o resultado da boa ou má lógica de um juiz, de uma digestão fácil ou penosa, da fraqueza do acusado, da violência das paixões do magistrado, de suas relações com o ofendido, enfim, de todas as pequenas causas que mudam as aparências e desnaturam os objetos no espírito inconstante do homem.

Veríamos, assim, a sorte de um cidadão mudar de face ao passar para outro tribunal, e a vida dos infelizes estaria à mercê de um falso raciocínio, ou do mau humor do juiz. Veríamos o magistrado interpretar apressadamente as leis, segundo as ideias vagas e confusas que se apresentassem ao seu espírito. Veríamos os mesmos delitos punidos diferentemente, em diferentes tempos, pelo mesmo tribunal, porque, em lugar de escutar a voz constante e invariável das leis, ele se entregaria à instabilidade enganosa das interpretações arbitrárias.

Podem essas irregularidades funestas ser postas em paralelo com os inconvenientes momentâneos que às vezes produz a observação literal das leis?

Talvez esses inconvenientes passageiros obriguem o legislador a fazer, no texto equívoco de uma lei, correções necessárias e fáceis. Mas, seguindo a letra da lei, não se terá ao menos que temer esses raciocínios perniciosos, nem essa licença envenenada de tudo explicar de maneira arbitrária e muitas vezes com intenção venal.

Quando as leis forem fixas e literais, quando só confiarem ao magistrado a missão de examinar os atos dos cidadãos, para decidir se tais atos são conformes ou contrários à lei escrita; quando, enfim, a regra do justo e do injusto, que deve dirigir em todos os seus atos o ignorante e o homem instruído, não for um motivo de controvérsia, mas simples questão de fato, então não mais se verão os cidadãos submetidos ao jugo de uma multidão de pequenos tiranos, tanto mais insuportáveis quanto menor é a distância entre o opressor e o oprimido; tanto mais cruéis quanto maior resistência encontram, porque a crueldade dos tiranos é proporcional, não às suas forças, mas aos obstáculos que se lhes opõem; tanto mais funestos quanto ninguém pode livrar-se do seu jugo senão submetendo-se ao despotismo de um só.

Com leis penais executadas à letra, cada cidadão pode calcular exatamente os inconvenientes de uma ação reprovável; e isso é útil, porque tal conhecimento poderá desviá-lo do crime. Gozará com segurança de sua liberdade e dos seus bens; e isso é justo, porque é esse o fim da reunião dos homens em sociedade.

É verdade, também, que os cidadãos adquirirão assim um certo espírito de independência e serão menos escravos dos que ousaram dar o nome sagrado de virtude à covardia, às fraquezas e às complacências cegas; estarão, porém, menos submetidos às leis e à autoridade dos magistrados.

Tais princípios desagradarão sem dúvida aos déspotas subalternos que se arrogaram o direito de esmagar seus inferiores com o peso da tirania que sustentam. Tudo eu poderia recear, se esses pequenos tiranos se lembrassem um dia de ler o meu livro e entendê-lo; mas, os tiranos não leem.

5 DA OBSCURIDADE DAS LEIS

Se a interpretação arbitrária das leis é um mal, também o é a sua obscuridade, pois precisam ser interpretadas. Esse inconveniente é bem maior ainda quando as leis não são escritas em língua vulgar[10].

Enquanto o texto das leis não for um livro familiar, uma espécie de catecismo, enquanto forem escritas numa língua morta e ignorada do povo, e enquanto forem solenemente conservadas como misteriosos oráculos, o cidadão, que não puder julgar por si mesmo as consequências que devem ter os seus próprios atos sobre a sua liberdade e sobre os seus bens, ficará na dependência de um pequeno número de homens depositários e intérpretes das leis.

Colocai o texto sagrado das leis nas mãos do povo, e, quanto mais homens houver que o lerem, tanto menos delitos haverá; pois não se pode duvidar que no espírito daquele que medita um crime, o conhecimento e a certeza das penas ponham freio à eloquência das paixões.

Que pensar dos homens, quando se reflete que as leis da maior parte das nações estão escritas em línguas mortas e que esse costume bárbaro ainda subsiste nos países mais esclarecidos da Europa?

Dessas últimas reflexões resulta que, sem um corpo de leis escritas, jamais uma sociedade poderá tomar uma forma de governo fixo, em que a força resida no corpo político e não nos membros desse corpo; em que as leis não possam alterar-se e destruir-se pelo choque dos interesses particulares, nem se reformar senão pela vontade geral.

A razão e a experiência fizeram ver quantas tradições humanas se tornam mais duvidosas e mais contestadas, à medida que a gen-

---
[10] – Isto é, em vernáculo e não em latim.

te se afasta de sua fonte. Ora, se não existe um momento estável do pacto social, como resistirão as leis ao movimento sempre vitorioso do tempo e das paixões?

Vê-se por aí, igualmente, a utilidade da imprensa, que pode, só ela, tornar todo o público, e não alguns particulares, depositário do código sagrado das leis. Foi a imprensa que dissipou esse tenebroso espírito de cabala e de intriga, que, não pode suportar a luz e que finge desprezar as ciências somente porque secretamente as teme.

Se agora, na Europa, diminuem esses crimes atrozes que assombravam nossos pais, se saímos enfim desse estado de barbárie que tornava nossos antepassados ora escravos ora tiranos, é à imprensa que o devemos.

Os que conhecem a história de dois ou três séculos e do nosso podem ver a humanidade, a generosidade, a tolerância mútua e as mais doces virtudes nasceram no seio do luxo e da indolência. Quais foram, ao contrário, as virtudes dessas épocas que, tão sem propósitos, se chamam séculos da boa-fé e da simplicidade antiga?

A humanidade gemia sob o jugo da implacável superstição; a avareza e a ambição de um pequeno número de homens poderosos inundavam de sangue humano os palácios dos grandes e os tronos dos reis. Eram traições secretas e morticínios públicos. O povo só encontrava na nobreza opressores e tiranos; e os ministros do Evangelho, manchados na carnificina e as mãos ainda sangrentas, ousavam oferecer aos olhos do povo um Deus de misericórdia e de paz.

Os que se levantam contra a pretensa corrupção do grande século em que vivemos não acharão ao menos que esse quadro abominável possa convir-lhe.

6 DA PRISÃO

Outorga-se, em geral, aos magistrados encarregados de fazer as leis, um direito contrário ao fim da sociedade, que é a segurança pessoal; refiro-me ao direito de prender discricionariamente os cidadãos, de tirar a liberdade ao inimigo sob pretextos frívolos, e, por conseguinte de deixar livres os que eles protegem, mau grado todos os indícios do delito.

Como se tornou tão comum um erro tão funesto? Embora a prisão difira das outras penas, por dever necessariamente preceder a declaração jurídica do delito, nem por isto deixa de ter, como todos os outros gêneros de castigos, o caráter essencial de que só a lei deve determinar o caso em que é preciso empregá-la.

Assim, a lei deve estabelecer, de maneira fixa, por que indícios de delito um acusado pode ser preso e submetido a interrogatório.

O clamor público, a fuga, as confissões particulares, o depoimento de um cúmplice do crime, as ameaças que o acusado pode fazer, seu ódio inveterado ao ofendido, um corpo de delito existente, e outras presunções semelhantes, bastam para permitir a prisão de um cidadão. Tais indícios devem, porém, ser especificados de maneira estável pela lei, e não pelo juiz, cujas sentenças se tornam um atentado à liberdade pública, quando não são simplesmente a aplicação particular de uma máxima geral emanada do código das leis.

À medida que as penas forem mais brandas, quando as prisões já não forem a horrível mansão do desespero e da fome, quando a piedade e a humanidade penetrarem nas masmorras, quando enfim os executores impiedosos dos rigores da justiça abrirem os corações à compaixão, as leis poderão contentar-se com indícios mais fracos para ordenar a prisão.

A prisão não deveria deixar nenhuma nota de infâmia sobre o acusado cuja inocência foi juridicamente reconhecida. Entre os romanos, quantos cidadãos não vemos, acusados anteriormente de crimes hediondos, mas em seguida reconhecidos inocentes, receberem da veneração do povo os primeiros cargos do Estado? Porque é tão diferente, em nossos dias, a sorte de um inocente preso?

É porque o sistema atual da jurisprudência criminal apresenta aos nossos espíritos a ideia da força e do poder, em lugar da justiça; é porque se lançam, indistintamente, na mesma masmorra, o inocente suspeito e o criminoso convicto; é porque a prisão, entre nós, é antes um suplício que um meio de deter um acusado; é porque, finalmente, as forças que defendem externamente o trono e os direitos da nação estão separadas das que mantêm as leis no interior, quando deveriam estar estreitamente unidas.

Na opinião pública, as prisões militares desonram bem menos do que as prisões civis. Se as tropas do Estado, reunidas sob a autoridade das leis comuns, sem, contudo, dependerem imediatamente dos magistrados, fossem encarregadas da guarda das prisões, a mancha de infâmia desapareceria ante o aparato e o fausto que acompanham os corpos militares; porque, em geral, a infâmia, como tudo o que depende das opiniões populares, se liga mais à forma do que ao fundo.

Mas, como as leis e os costumes de um povo estão sempre atrasados de vários séculos em relação às luzes atuais, conservamos ainda a barbárie e as ideias ferozes dos caçadores do norte, nossos selvagens antepassados.

Os nossos costumes e as nossas leis retardatárias estão bem longe das luzes dos povos. Ainda estamos dominados pelos preconceitos bárbaros que nos legaram os nossos avós, os bárbaros caçadores do norte.

7 DOS INDÍCIOS DO DELITO E DA FORMA DOS JULGAMENTOS

Eis um teorema geral, que pode ser muito útil para calcular a certeza de um fato e, principalmente, o valor dos indícios de um delito:

Quando as provas de um fato se apoiam todas entre si, isto é, quando os indícios do delito não se sustentam senão uns pelos outros, quando a força de várias provas depende da verdade de uma só, o número dessas provas nada acrescenta nem subtrai à probabilidade do fato: merecem pouca consideração, porque, destruindo a única prova que parece certa, derrubais todas as outras.

Mas, quando as provas são independentes, isto é, quando cada indício se prova à parte, quanto mais numerosos forem esses indícios, tanto mais provável será o delito, porque a falsidade de uma prova em nada influi sobre a certeza das restantes.

Não se admirem de ver-me empregar a palavra probabilidade ao tratar de crimes que, para merecerem um castigo, devem ser certos; porque, a rigor, toda certeza moral é apenas uma probabilidade, que merece, contudo, ser considerada como uma certeza, quando todo homem de bom senso é forçado a dar-lhe o seu assentimento, por uma espécie de hábito natural que resulta da necessidade de agir que é anterior a toda especulação.

A certeza que se exige para convencer um culpado é, pois, a mesma que determina todos os homens nos seus mais importantes negócios.

As provas de um delito podem distinguir-se em provas perfeitas e provas imperfeitas. As provas perfeitas são as que demonstram positivamente que é impossível que o acusado seja inocente. As provas são imperfeitas quando não excluem a possibilidade da inocência do acusado.

Uma única prova perfeita é suficiente para autorizar a condenação; se se quiser, porém, condenar sobre provas imperfeitas, como cada uma dessas provas não estabelece a impossibilidade da inocência do acusado, é preciso que sejam em número muito grande para valerem uma prova perfeita, isto é, para provarem todas juntas que é impossível que o acusado não seja culpado.

Acrescentarei ainda que as provas imperfeitas, às quais o acusado nada responde de satisfatório, embora deva, se é inocente, ter meios de justificar-se, se tornam por isso mesmo provas perfeitas.

É, todavia, mais fácil sentir essa certeza moral de um delito do que defini-la exatamente. Eis o que me faz encarar como sábia a lei que, em algumas nações, dá ao juiz principal assessores que o magistrado não escolheu, mas que a sorte designou livremente; porque então a ignorância, que julga por sentimento, está menos sujeita ao erro do que homem instruído que decide segundo a incerta opinião.

Quando as leis são claras e precisas, o dever do juiz limita-se à constatação do fato. Se são necessárias destreza e habilidade na investigação das provas de um delito, se se requerem clareza e precisão na maneira de apresentar o seu resultado, para julgar segundo esse mesmo resultado, basta o simples bom-senso: guia menos enganador do que todo o saber de um juiz acostumado a só procurar culpados por toda parte e levar tudo ao sistema que adotou segundo os seus estudos.

Felizes as nações entre as quais o conhecimento das leis não é uma ciência.

Lei sábia e cujos efeitos são sempre felizes é a que prescreve que cada um seja julgado por seus iguais; porque, quando se trata da fortuna e da liberdade de um cidadão, todos os sentimentos inspirados pela desigualdade devem silenciar. Ora, o desprezo com o qual o homem poderoso olha para a vítima do infortúnio, e a indignação que experimenta o homem de condição medíocre ao ver o culpado que está acima dele por sua condição, são sentimentos perigosos que não existem nos julgamentos de que falo.

Quando o culpado e o ofendido estão em condições desiguais, os juízes devem ser escolhidos, metade entre os iguais do acusado e metade entre os do ofendido, para contrabalançar assim os interesses pessoais, que modificam, mau grado nosso, as aparências dos objetos, e para só deixar falar a verdade e as leis.

Igualmente justo é que o culpado possa recusar um certo número dos juízes que lhe forem suspeitos, e, se o acusado gozar constantemente desse direito, exercê-lo-á com reserva; porque de outro modo pareceria condenar-se a si mesmo.

Sejam públicos os julgamentos; sejam-no também as provas do crime: e a opinião, que é talvez o único laço das sociedades, porá freio à violência e às paixões. O povo dirá: Não somos escravos, mas protegidos pelas leis. Esse sentimento de segurança, que inspira a coragem, equivale a um tributo para o soberano que compreende os seus verdadeiros interesses.

Não entrarei em outros pormenores sobre as precauções que exige o estabelecimento dessas espécies de instituições. Para aqueles aos quais é necessário tudo dizer, tudo eu diria inutilmente.

8 DAS TESTEMUNHAS

É importante, em toda boa legislação, determinar de maneira exata o grau de confiança que se deve dar às testemunhas e a natureza das provas necessárias para constatar o delito.

Todo homem razoável, isto é, todo homem que puser ligação em suas ideias e que experimentar as mesmas sensações que os outros homens, poderá ser recebido em testemunho. Mas, a confiança que se lhe der deve medir-se pelo interesse que ele tem de dizer ou não dizer a verdade.

É, pois, por motivos frívolos e absurdos que as leis não admitem em testemunho nem as mulheres, por causa de sua franqueza, nem os condenados, porque estes morreram civilmente, nem as pessoas com nota de infâmia, porque, em todos esses casos, uma testemunha pode dizer a verdade, quando não tem nenhum interesse em mentir.

Entre os abusos de palavras que tiveram certa influência sobre os negócios deste mundo, um dos mais notáveis é o que faz considerar como nulo o depoimento de um culpado já condenado. Graves jurisconsultos fazem este raciocínio. Este homem foi atingido por morte civil; ora, um morto já não é capaz de nada... Muitas vítimas se sacrificaram a essa vã metáfora: e muitas vezes se tem contestado seriamente à verdade santa o direito de preferência sobre as formas judiciárias.

Sem dúvida, é preciso que os depoimentos de um culpado já condenado não possam retardar o curso da justiça; mas porque, após a sentença, não conceder aos interesses da verdade e à terrível situação do culpado alguns instantes ainda, para justificar, se possível, ou aos seus cúmplices ou a si próprio, com depoimentos novos que mudam a natureza do fato?

As formalidades e criteriosas procrastinações são necessárias nos processos criminais, ou porque não deixam nada à arbitrariedade do juiz, ou porque fazem compreender ao povo que os julgamentos são feitos com solenidade e segundo as regras, e não precipitadamente ditados polo interesse; ou, finalmente, porque a maior parte dos homens, escravos do hábito, e mais inclinados a sentir do que raciocinar, fazem assim uma ideia mais augusta das funções do magistrado.

A verdade, muitas vezes demasiado simples ou demasiado complicada, tem necessidade de certa pompa exterior para merecer o respeito do povo.

As formalidades, porém, devem ser fixadas, por leis, nos limites em que não possam prejudicar a verdade. De outro modo, seria uma nova fonte de inconvenientes funestos.

Disse eu que se podia admitir em testemunho toda pessoa que não tem nenhum interesse em mentir. Deve, pois, conceder-se à testemunha mais ou menos confiança, a proporções do ódio ou da amizade que ela tem ao acusado e de outras relações mais ou menos estreitas que ambos mantenham.

Uma só testemunha não basta porque, negando o acusado o que a testemunha afirma, não há nada de certo e a justiça deve então respeitar o direito que cada um tem de ser julgado inocente[11].

Deve dar-se às testemunhas um crédito tanto mais circunspecto quanto mais atrozes são os crimes e mais inverosímeis as circunstâncias. Tais são, por exemplo, as acusações de magia e as ações gratuitamente cruéis. No primeiro caso, é melhor acreditar que as testemunhas mentem, porque é mais comum ver vários

---

(11) – "Entre os criminalistas, ao contrário, a confiança que merece uma testemunha aumenta em proporção da atrocidade do crime. Apoiam-se eles neste axioma de ferro, ditado pela mais cruel imbecilidade: In atrocissimis leviores conjecturae sufficiunt, et licet judici jura transgredi. Traduzamos essa máxima hedionda, para que a Europa conheça ao menos um dos revoltantes princípios e tão numerosos aos quais está submetida quase sem o saber: "Nos delitos mais atrozes, isto é, menos provável, bastam as mais ligeiras circunstâncias, e o juiz pode pôr-se acima das leis." Os absurdos em uso na legislação são muitas vezes o resultado do medo, fonte inesgotável das inconsequências e dos erros humanos. Os legisladores, ou antes, os jurisconsultos, cujas opiniões são consideradas após sua morte como espécies de oráculos, e que, como escritores vendidos ao interesse, se tornaram árbitros soberanos da sorte dos homens, os legisladores, repito, receosos de ver condenar inocentes, sobrecarregaram a jurisprudência de formalidades e exceções inúteis, cuja exata observação colocaria a desordem e a impunidade no trono da justiça. Outras vezes, assombrados com certos crimes atrozes e difíceis de provar, acharam que deviam desprezar essas formalidades que eles próprios estabeleceram. Foi assim. que, dominados ora por um despotismo impertinente, ora por temores pueris, fizeram dos julgamentos mais graves uma espécie de jogo abandonado ao acaso e aos caprichos do arbítrio".

homens caluniarem de concerto, por ódio ou por ignorância, do que ver um só homem exercer um poder que Deus recusou a todo ser criado.

Da mesma forma, não se deve admitir com precipitação a acusação de uma crueldade sem motivos, porque o homem só é cruel por interesse, por ódio ou por temor. O coração humano é incapaz de um sentimento inútil; todos os seus sentimentos são o resultado das impressões que os objetos causaram sobre os sentidos.

Deve, igualmente, dar-se menos crédito a um homem que é membro de uma ordem, ou de uma casta, ou de uma sociedade particular, cujos costumes e máximas são em geral desconhecidos, ou diferem dos usos comuns, porque, além de suas próprias paixões, esse homem tem ainda as paixões da sociedade da qual faz parte.

Enfim, os depoimentos das testemunhas devem ser quase nulos, quando se trata de algumas palavras das quais se quer fazer um crime; porque o tom, os gestos e tudo o que precede ou segue as diferentes ideias que os homens ligam a suas palavras, alteram e modificam de tal modo os discursos que é quase impossível repeti-los com exatidão.

As ações violentas, que constituem os verdadeiros delitos, deixam traços notáveis na maioria das circunstâncias que as acompanham e efeitos que das mesmas derivam; mas, as palavras não deixam vestígio e só subsistem na memória, quase sempre infiel e muitas vezes influenciadas, dos que as ouviram.

É, pois, infinitamente mais fácil fundar uma calúnia sobre discursos do que sobre ações, pois o número das circunstâncias que se alegam para provar as ações fornece ao acusado mais recursos para justificar-se; ao passo que um delito de palavras não apresenta, de ordinário, nenhum meio de justificação.

9 DAS ACUSAÇÕES SECRETAS

As acusações secretas são um abuso manifesto, mas consagrado e tornado necessário em vários governos, pela fraqueza de sua constituição. Tal uso torna os homens falsos e pérfidos. Aquele que suspeita um delator no seu concidadão vê nele logo um inimigo. Costumam, então, mascarar-se os próprios sentimentos; e o hábito de ocultá-los a outrem faz que cedo sejam dissimulados a si mesmo.

Como os homens que chegaram a esse ponto funesto são dignos de piedade! Desorientados, sem guia e sem princípios estáveis, vagam ao acaso no vasto mar da incerteza, preocupados exclusivamente em escapar aos monstros que os ameaçam. Um futuro cheio de mil perigos envenena para eles os momentos presentes. Os prazeres duráveis da tranquilidade e da segurança lhes são desconhecidos. Se gozaram, apressadamente e na confusão, de alguns instantes de felicidade espalhados aqui e ali sobre o triste curso de sua desgraçada vida, bastarão para consolá-los de ter vivido?

Será entre tais homens que encontraremos soldados intrépidos, defensores da pátria e do trono? Acharemos entre eles magistrados incorruptíveis, que saibam sustentar e desenvolver os verdadeiros interesses do soberano, com uma eloquência livre e patriótica, que deponham ao mesmo tempo aos pés do monarca os tributos e as bênçãos de todos os cidadãos, que levem ao palácio dos grandes e ao humilde teto do pobre a segurança, a paz, a confiança, e que deem ao trabalho e à indústria a esperança de uma sorte cada vez mais doce?... É sobretudo este último sentimento que reanima os Estados e lhes dá uma vida nova.

Quem poderá defender-se da calúnia, quando esta se arma com o escudo mais sólido da tirania: o sigilo?...

Miserável governo aquele em que o soberano suspeita um inimigo em cada súdito e se vê forçado, para garantir a tranquilidade pública, a perturbar a de cada cidadão!

Quais são, pois, os motivos sobre os quais se apoiam os que justificam as acusações e as penas secretas? A tranquilidade pública? A segurança e a manutenção da forma de governo? É mister confessar que estranha constituição é aquela em que o governo, que tem por si a força e a opinião, ainda mais poderosa do que a força, parece todavia temer cada cidadão!

Receia-se que o acusador não esteja em segurança? As leis são, então, insuficientes para defendê-lo, e os súditos são mais poderosos do que o soberano e as leis.

Desejar-se-ia salvar o delator da infâmia a que se expõe? Seria, então, confessar que se autorizam as calúnias secretas, mas que se punem as calúnias públicas.

Apoiar-se-ão na natureza do delito? Se o governo for bastante infeliz para considerar como crimes certos atos indiferentes ou mesmo úteis ao público, terá razão: as acusações e os julgamentos, nesse caso, jamais seriam bastante secretos.

Pode haver, porém, um delito, isto é, uma ofensa à sociedade, que não seja do interesse de todos punir publicamente? Respeito todos os governos; não falo de nenhum em particular e sei que há circunstâncias em que os abusos parecem de tal modo inerentes à constituição de um Estado, que não parece possível desarraigá-los sem destruir o corpo político. Mas, se eu tivesse de ditar novas leis em algum canto isolado do universo, minha mão trêmula se recusaria a autorizar as acusações secretas: julgaria ver toda a posteridade responsabilizar-me pelos males atrozes que elas acarretam.

Já o disse Montesquieu: "as acusações públicas são conformes ao espírito do governo republicano, no qual o zelo do bem geral deve ser a primeira paixão dos cidadãos". Nas monarquias, em que o amor da pátria é muito fraco, pela própria natureza do governo, é sábia a instituição de magistrados encarregados de acusar, em nome do público, os infratores das leis. Mas, todo governo, republicano ou monárquico, deve infligir ao caluniador a pena que o acusado sofreu, se ele for culpado.

10 DOS INTERROGATÓRIOS SUGESTIVOS

Nossas leis proíbem os interrogatórios sugestivos, isto é, os que se fazem sobre o fato mesmo do delito; porque, segundo os nossos jurisconsultos, só se deve interrogar sobre a maneira pela qual o crime foi cometido e sobre as circunstâncias que o acompanham.

Um juiz não pode, contudo, permitir as questões diretas, que sugiram ao acusado uma resposta imediata. O juiz que interroga, dizem os criminalistas, só deve ir ao fato indiretamente, e nunca em linha reta.

Se se estabeleceu esse método para evitar sugerir ao acusado uma resposta que o salve, ou por que foi considerada coisa monstruosa e contra a natureza um homem acusar-se a si mesmo, qualquer que tenha sido o fim visado com a proibição dos interrogatórios sugestivos, fez-se cair as leis numa contradição bem notória, pois que ao mesmo tempo se autorizou a tortura.

Haverá, com efeito, interrogatório mais sugestivo do que a dor? O celerado robusto, que pode evitar uma pena longa e rigorosa, sofrendo com força tormentos de um instante, guarda um silêncio obstinado e se vê absolvido. Mas, a questão arranca ao homem fraco uma confissão pela qual ele se livra da dor presente, que o afeta mais fortemente do que todos os males futuros.

E, se um interrogatório especial é contrário à natureza, obrigando o acusado a acusar-se a si mesmo, não será ele constrangido a isso mais violentamente pelos tormentos e as convulsões da dor?

Os homens, porém, se ocupam muito mais, em sua norma de conduta, com a diferença das palavras do que com a das coisas.

Observemos, finalmente, que aquele que se obstina a não responder ao interrogatório a que é submetido merece sofrer uma pena que deve ser fixada pelas leis.

É mister que essa pena seja muito pesada; porque o silêncio de um criminoso, perante o juiz que o interroga, é para a sociedade um escândalo e a justiça uma ofensa que cumpre prevenir tanto quanto possível.

Mas, essa pena particular já não é necessária quando o crime já foi constatado e o criminoso convencido, pois nesse caso o interrogatório se torna inútil. Semelhantemente, as confissões do acusado não são necessárias quando provas suficientes demonstraram que ele é evidentemente culpado do crime de que se trata. Este último caso é o mais ordinário; e a experiência mostra que, na maior parte dos processos criminais, os culpados negam tudo.

11 DOS JURAMENTOS

Outra contradição entre as leis e os sentimentos naturais é exigir de um acusado o juramento de dizer a verdade, quando ele tem o maior interesse em calá-la. Como se o homem pudesse jurar de boa-fé que vai contribuir para sua própria destruição! Como se, o mais das vezes, a voz do interesse não abafasse no coração humano a da religião!

A história de todos os séculos prova que esse dom sagrado do céu é a coisa de que mais se abusa. E como a respeitarão os celerados, se ela é diariamente ultrajada pelos homens considerados mais sábios e mais virtuosos?

Os motivos que a religião opõe ao temor dos tormentos e ao

amor à vida são quase sempre fracos demais, porque não impressionam os sentidos. As coisas do céu estão submetidas a leis inteiramente diversas das da terra. Por que comprometer essas leis umas com as outras? Por que colocar o homem na atroz alternativa de ofender a Deus, ou perder-se? É não deixar ao acusado senão a escolha de ser mau cristão ou mártir do juramento. Destrói-se dessa forma toda a força dos sentimentos religiosos, único apoio da honestidade no coração da maior parte dos homens; e pouco a pouco os juramentos não são mais do que uma simples formalidade sem consequências.

Consulte-se a experiência e se reconhecerá que os juramentos são inúteis, pois não há juiz que não convenha que jamais o juramento faz o acusado dizer a verdade.

A razão faz ver que assim deve ser, porque todas as leis opostas aos sentimentos naturais do homem são vãs e conseguintemente funestas.

Tais leis podem ser comparadas a um dique que se elevasse diretamente no meio das águas de um rio para interromper-lhe o curso: ou o dique é imediatamente derrubado pela torrente que o leva, ou se forma debaixo dele um abismo que o mina e o destrói insensivelmente.

12 DA QUESTÃO OU TORTURA

É uma barbaria consagrada pelo uso na maioria dos governos aplicar a tortura a um acusado enquanto se faz o processo, quer para arrancar dele a confissão do crime, quer para esclarecer as contradições em que caiu, quer para descobrir os cúmplices ou outros crimes de que não é acusado, mas do qual poderia ser culpado, quer enfim porque sofistas incompreensíveis pretenderam que a tortura purgava a infâmia.

Um homem não pode ser considerado culpado antes da sentença do juiz; e a sociedade só lhe pode retirar a proteção pública depois que ele se convenceu de ter violado as condições com as quais estivera de acordo. O direito da força só pode, pois, autorizar um juiz a infligir uma pena a um cidadão quando ainda se duvida se ele é inocente ou culpado.

Eis uma proposição bem simples: ou o delito é certo, ou é incerto. Se é certo, só deve ser punido com a pena fixada pela lei, e a tortura é inútil, pois já não se tem necessidade das confissões do acusado. Se o delito é incerto, não é hediondo atormentar um inocente? Com efeito, perante as leis, é inocente aquele cujo delito não se provou.

Qual o fim político dos castigos? O terror que imprimem nos corações inclinados ao crime.

Mas, que se deve pensar das torturas, esses suplícios secretos que a tirania emprega na obscuridade das prisões e que se reservam tanto ao inocente como ao culpado?

Importa que nenhum delito conhecido fique impune; mas, nem sempre é útil descobrir o autor de um delito encoberto nas trevas da incerteza.

Um crime já cometido, para o qual já não há remédio, só pode ser punido pela sociedade política para impedir que os outros homens cometam outros semelhantes pela esperança da impunidade.

Se é verdade que a maioria dos homens respeita as leis pelo temor ou pela virtude, se é provável que um cidadão prefira segui-las a violá-las, o juiz que ordena a tortura expõe-se constantemente a atormentar inocentes.

Direi ainda que é monstruoso e absurdo exigir que um homem seja acusador de si mesmo, e procurar fazer nascer a verdade pelos tormentos, como se essa verdade residisse nos músculos e nas fibras do infeliz! A lei que autoriza a tortura é uma lei que diz: "Homens, resisti à dor. A natureza vos deu um amor invencível ao vosso ser, e o direito inalienável de vos defenderdes; mas, eu quero criar em vós um sentimento inteiramente contrário; quero inspirar-vos um ódio de vós mesmos; ordeno-vos que vos tomeis vossos próprios acusadores e digais enfim a verdade ao meio das torturas que vos quebrarão os ossos e vos dilaceração os músculos..."

Esse meio infame de descobrir a verdade é um monumento da bárbara legislação dos nossos antepassados, que honravam com o nome de julgamentos de Deus as provas de fogo, as da água fervendo e a sorte incerta dos combates. Como se os elos dessa corrente eterna, cuja origem está no seio da Divindade, pudessem desunir-se ou romper-se a cada instante, ao sabor dos caprichos e das frívolas instituições dos homens!

A única diferença existente entre a tortura e as provas de fogo é que a tortura só prova o crime quando o acusado quer confessar, ao passo que as provas queimantes deixavam uma marca exterior, considerada como prova do crime.

Todavia, essa diferença é mais aparente do que real. O acusado é tão capaz de não confessar o que se exige dele quanto o era outrora de impedir, sem fraude, os efeitos do fogo e da água fervendo.

Todos os atos da nossa vontade são proporcionais à força das impressões sensíveis que os causam, e a sensibilidade de todo homem é limitada. Ora, se a impressão da dor se torna muito forte para ocupar todo o poder da alma, ela não deixa a quem a sofre nenhuma outra atividade que exercer senão tomar, no momento, a via mais curta para evitar os tormentos atuais.

Dessa forma, o acusado já não pode deixar de responder, pois não poderia escapar às impressões do fogo e da água.

O inocente exclamará, então, que é culpado, para fazer cessar torturas que já não pode suportar; e o mesmo meio empregado para distinguir o inocente do criminoso fará desaparecer toda diferença entre ambos.

A tortura é muitas vezes um meio seguro de condenar o inocente fraco e de absolver o celerado robusto. É esse, de ordinário, o resultado terrível dessa barbárie que se julga capaz de produzir a verdade, desse uso digno dos canibais, e que os romanos, mau grado a dureza dos seus costumes, reservavam exclusivamente aos escravos, vítimas infelizes de um povo cuja feroz virtude tanto se tem gabado.

De dois homens, igualmente inocentes ou igualmente culpados, aquele que for mais corajoso e mais robusto será absolvido; o mais fraco, porém, será condenado em virtude deste raciocínio: "Eu, juiz, preciso encontrar um culpado. Tu, que és vigoroso, soubeste resistir à dor, e por isso eu te absolvo. Tu, que és fraco, cedeste à força dos tormentos; portanto, eu te condeno. Bem sei que uma confissão arrancada pela violência da tortura não tem valor algum; mais, se não confirmares agora o que confessaste, far-te-ei atormentar de novo".

O resultado da questão depende, pois, de temperamento e de cálculo, que varia em cada homem na proporção de sua força e sensibilidade; de maneira que, para prever o resultado da tortura, bastaria resolver o problema seguinte, mais digno de um matemático do que de um juiz: "Conhecidas a força dos músculos e a sensibilidade das fibras de um acusado, achar o grau de dor que o obrigará a confessar-se culpado de determinado crime".

Interrogam um acusado para conhecer a verdade; mas, se tão dificilmente a distinguem no ar, nos gestos e na fisionomia de um homem tranquilo, como a descobrirão nos traços descompostos pelas convulsões da dor, quando todos os sinais, que traem às vezes a verdade na fronte dos culpados, estiverem alterados e confundidos?

Toda ação violenta faz desaparecer as pequenas diferenças dos movimentos pelos quais se distingue, às vezes, a verdade da mentira.

Resulta ainda do uso das torturas uma consequência bastante notável: é que o inocente se acha numa posição pior que a do culpado. Com efeito, o inocente submetido à questão tem tudo contra si: ou será condenado, se confessar o crime que não cometeu, ou será absolvido, mas depois de sofrer tormentos que não mereceu.

O culpado, ao contrário, tem por si um conjunto favorável: será absolvido se suportar a tortura com firmeza, e evitará os suplícios de que foi ameaçado, sofrendo uma pena muito mais leve. Assim, o inocente tem tudo que perder, o culpado só pode ganhar.

Essas verdades são sentidas, afinal, embora confusamente, pelos próprios legisladores; mas, nem por isso suprimiram a tortura. Limitam-se a achar que as confissões do acusado pelos tormentos são nulas se não forem em seguida confirmadas pelo juramento. Se, porém, recusar-se a confirmá-las, será torturado de novo.

Em alguns países e segundo certos jurisconsultos, essas odiosas violências não são permitidas mais do que três vezes; em outros, porém, e segundo outros doutores, o direito de torturar fica inteiramente à discrição do juiz.

É inútil fundamentar essas reflexões com os inumeráveis exemplos de inocentes que se confessaram culpados no meio de torturas. Não há povo, não há século que não possa citar os seus.

Os homens são sempre os mesmos: veem as coisas presentes sem preocupar-se com as consequências. Não há homem que, elevando suas ideias além das primeiras necessidades da vida, não tenha ouvido a voz interior da natureza chamá-lo a si e não tenha sido tentado a se lançar de novo nos braços dela. Mas, o uso, esse tirano das almas vulgares, o comprime e o retém no erro.

O segundo motivo, pelo qual se submete à questão um homem que se supõe culpado, é a esperança de esclarecer as contradições em que ele caiu nos interrogatórios que o fizeram sofrer. Mas, o medo do suplício, a incerteza do julgamento que vai ser pronunciado, a solenidade dos processos, a majestade do juiz, a própria ignorância, igualmente comum à maior parte dos acusados inocentes ou culpados, são outras tantas razões para fazer cair em contradição, não só a inocência que treme como o crime que procura ocultar-se.

Poder-se-ia crer que as contradições, tão ordinárias no homem, ainda mesmo quando este tem o espírito tranquilo, não se multiplicarão nesses momentos de perturbação, nos quais a ideia de escapar a um perigo iminente absorve toda a alma?

Em terceiro lugar, submeter um acusado à tortura, para descobrir se ele é culpado de outros crimes além daquele de que é acusado, é fazer este odioso raciocínio: "Tu és culpado de um delito; é, pois, possível que tenhas cometido cem outros. Essa suspeita me preocupa; quero certificar-me; vou empregar minha prova de verdade. As leis te farão sofrer pelos crimes que cometeste, pelos que poderias cometer e por aqueles dos quais eu quero considerar-te culpado".

Aplica-se igualmente a questão a um acusado para descobrir os seus cúmplices. Mas, se está provado que a tortura não é nada menos do que um meio certo de descobrir a verdade, como fará ela conhecer os cúmplices, quando esse conhecimento é uma das verdades que se procuram?

É certo que aquele que se acusa a si mesmo mais facilmente acusará a outrem.

Além disso, será justo atormentar um homem pelos crimes de outro homem? Não podem descobrir-se os cúmplices pelos interrogatórios do acusado e das testemunhas, pelo exame das provas e do corpo de delito, em suma, por todos os meios empregados para constatar o delito?

Os cúmplices fogem quase sempre, logo que o companheiro é preso. Só a incerteza da sorte que os espera condena-os ao exílio e livra a sociedade dos novos atentados que poderia recear deles; ao passo que o suplício do culpado que ela tem nas mãos amedronta os outros homens e os desvia do crime, sendo esse o único fim dos castigos.

A pretensa necessidade de purgar a infâmia é ainda um dos absurdos motivos do uso das torturas. Um homem declarado infame pelas leis se torna puro porque confessa o crime enquanto lhe quebram os ossos? Poderá a dor, que é uma sensação, destruir a infâmia, que é uma combinação moral? Será a tortura um cadinho e a infâmia um corpo misto que deponha nele tudo o que tem de impuro?

Em verdade, abusos tão ridículos não deveriam ser tolerados no século XVIII.

A infâmia não é um sentimento sujeito às leis ou regulado pela razão. É obra exclusiva da opinião. Ora, como a tortura torna infame aquele que a sofre, é absurdo que se queira lavar desse modo a infâmia com a própria infâmia.

Não é difícil remontar a origem dessa lei estranha, porque os absurdos adotados por uma nação inteira se apoiam sempre em outras ideias estabelecidas e respeitadas nessa mesma nação. O uso de purgar a infâmia pela tortura parece ter sua fonte nas práticas da religião, que tanta influência exerce sobre o espírito dos homens de todos os países e de todos os tempos. A fé nos ensina que as nódoas contraídas pela fraqueza humana, quando não mereceram a cólera eterna do Ser supremo, são purificadas em outro mundo por um fogo incompreensível. Ora, a infâmia é uma nódoa civil; e, uma vez que a dor e o fogo do purgatório apagam as manchas espirituais, por que os tormentos da questão não tirariam a nódoa civil da infâmia?

Creio que se pode dar uma origem mais ou menos semelhante ao uso que observam certos tribunais de exigir as confissões do culpado como essenciais para sua condenação. Tal uso parece tirado do misterioso tribunal da penitência, no qual a confissão dos pecados é parte necessária dos sacramentos.

É dessa forma que os homens abusam das luzes da revelação; e, como essas luzes são as únicas que iluminam os séculos da ignorância, a elas é que a dócil humanidade recorreu em todas as ocasiões, mas para fazer as aplicações mais falsas e mais infelizes.

A solidez dos princípios que expusemos neste capítulo era conhecida dos legisladores romanos, que só submetiam à tortura os escravos, espécie de homens sem direito algum e sem nenhuma parte nas vantagens da sociedade civil. Esses princípios foram adotados na Inglaterra, nação que prova a excelência de suas leis pelos seus progressos nas ciências, pela superioridade do seu comércio, pela extensão de suas riquezas, por seu poder e por frequentes exemplos de coragem e de virtude política.

A Suécia, igualmente convencida da injustiça da tortura, já não permite o seu uso. Esse infame costume foi abolido por um dos mais sábios monarcas da Europa[12], que elevou a filosofia ao trono e que, legislador benévolo, amigo dos súditos, os tornou iguais e livres sob a dependência das leis; única liberdade que homens razoáveis podem esperar da sociedade; única igualdade que esta pode admitir.

Enfim, as leis militares não admitiram a tortura; e, se esta pudesse existir em alguma parte, seria sem dúvida nos exércitos, compostos em grande parte da escória das nações.

(12) – Refere-se Beccaria a Gustavo III (1746-1792), que subiu ao trono da Suécia, em 1771, tendo feito um governo liberal e posto em prática numerosas ideias defendidas pelos enciclopedistas franceses. Morreu assassinado aos 46 anos de idade, vítima de uma conspiração dos aristocratas.

Coisa espantosa para quem não refletiu sobre a tirania do uso! São homens endurecidos nos morticínios e familiarizados com o sangue que dão aos legisladores de um povo em paz o exemplo de julgar os homens com mais humanidade!

13 DA DURAÇÃO DO PROCESSO E DA PRESCRIÇÃO

Quando o delito é constatado e as provas são certas, é justo conceder ao acusado o tempo e os meios de justificar-se, se lhe for possível; é preciso, porém, que esse tempo seja bastante curto para não retardar demais o castigo que deve seguir de perto o crime, se se quiser que o mesmo seja um freio útil contra os celerados.

Um mal entendido amor da humanidade poderá condenar logo essa presteza, a qual, porém, será aprovada pelos que tiverem refletido sobre os perigos múltiplos que as extremas procrastinações da legislação fazem correr à inocência.

Cabe exclusivamente às leis fixar o espaço de tempo que se deve empregar para a investigação das provas do delito, e o que se deve conceder ao acusado para sua defesa. Se o juiz tivesse esse direito, estaria exercendo as funções do legislador.

Quando se trata desses crimes atrozes cuja memória subsiste por muito tempo entre os homens, se os mesmos forem provados, não deve haver nenhuma prescrição em favor do criminoso que se subtrai ao castigo pela fuga. Não é esse, todavia, o caso dos delitos ignorados e pouco consideráveis: é mister fixar um tempo após o qual o acusado, bastante punido pelo exílio voluntário, possa reaparecer sem recear novos castigos.

Com efeito, a obscuridade que envolveu por muito tempo o delito diminui muito a necessidade do exemplo, e permite devolver ao cidadão sua condição e seus direitos com o poder de torná-lo melhor.

Só posso indicar aqui princípios gerais. Para fazer sua aplicação precisa, é mister considerar a legislação existente, os usos do país, as circunstâncias. Limito-me a acrescentar que, para um povo que reconhecesse as vantagens das penas moderadas, se as leis abreviassem ou prolongassem a duração dos processos e o tempo da prescrição segundo a gravidade do delito, se a prisão provisória e o exílio voluntário fossem contados como uma parte da pena merecida pelo culpado, chegar-se-ia a estabelecer assim uma justa progressão de castigos suaves para um grande número de delitos.

Mas, o tempo que se emprega na investigação das provas e o que fixa a prescrição não devem ser prolongados em razão da gravidade do crime que se persegue, porque, enquanto um crime não está provado, quanto mais atroz, menos verossímil é ele. Será preciso, pois, às vezes, reduzir o tempo dos processos e aumentar o que se exige para a prescrição.

Esse princípio parece, à primeira vista, contraditório em relação ao que estabeleci mais acima, e segundo o qual podem aplicar-se penas iguais para crimes diferentes, considerando como partes do castigo o exílio voluntário ou a prisão que precedeu a sentença. Procurarei explicar-me com mais clareza.

Podem distinguir-se duas espécies de delitos. A primeira é a dos crimes atrozes, que começa pelo homicídio e que compreende toda a progressão dos mais horríveis assassínios. Incluiremos na segunda espécie os delitos menos hediondos do que o homicídio.

Essa distinção é tirada da natureza. A segurança das pessoas é um direito natural; a segurança dos bens é um direito da sociedade. Há bem poucos motivos capazes de levar o homem a abafar no coração o sentimento natural da compaixão que o desvia do assassínio. Mas, como cada um é ávido de buscar o seu bem-estar, como o direito de propriedade não está gravado nos corações, sendo simples obra das convenções sociais, há uma porção de motivos que induzem os homens a violar tais convenções.

Se se quiser estabelecer regras de probabilidade para essas duas espécies de delitos, é preciso colocá-las sobre bases diferentes. Nos grandes crimes, pela razão mesma de que são mais raros, deve diminuir-se a duração da instrução e do processo, porque a inocência do acusado é mais provável do que o crime. Deve-se, porém, prolongar o tempo da prescrição.

Por esse meio, que acelera a sentença definitiva, tira-se aos maus a esperança de uma impunidade tanto mais perigosa quanto maiores são os crimes.

Ao contrário, nos delitos menos consideráveis e mais comuns, é preciso prolongar o tempo dos processos, porque a inocência do acusado é menos provável, e diminuir o tempo fixado para a prescrição, porque a impunidade é menos perigosa.

É mister, igualmente, notar que, se não se atender a isso, essa diferença de processo entre as duas espécies de delitos pode dar ao criminoso a esperança da impunidade, esperança tanto mais fundada quanto o crime for mais hediondo e, portanto, mais verossímil. Observemos, porém, que um acusado solto por falta de provas não é nem absolvido nem condenado; que pode ser preso de novo pelo mesmo crime e submetido a novo exame, se se descobrirem novos indícios do seu delito antes de terminar o tempo fixado para a prescrição, segundo o crime cometido.

Tal é, pelo menos a meu ver, o critério que se poderia seguir para preservar ao mesmo tempo a segurança dos cidadãos e a sua liberdade, sem favorecer uma em detrimento da outra. Esses dois bens são igualmente patrimônio inalienável de todos os cidadãos; e ambos estão cercados de perigos quando a segurança individual é abandonada ao capricho de um déspota e quando a liberdade é protegida pela desordem tumultuosa.

Cometem-se na sociedade certos crimes que são ao mesmo tempo comuns e difíceis de constatar. Desde então, pois é quase impossível provar tais crimes, a inocência é provável perante a lei. E, como a esperança da impunidade contribui pouco para multiplicar essas espécies de delitos, que têm todos causas diferentes, a impunidade raramente é perigosa. Nesse caso, podem, pois, diminuir-se igualmente o tempo dos processos e o da prescrição.

Mas, segundo os princípios aceitos, é principalmente para os crimes difíceis de provar, como o adultério, a pederastia, que se admitem arbitrariamente as presunções, as conjecturas, as semiprovas, como se um homem pudesse ser semi-inocente ou semiculpado, e merecer ser semiabsolvido ou semipunido!

É sobretudo nesse gênero de delitos que se exercem as crueldades da tortura sobre o acusado, sobre as testemunhas, sobre a família inteira do infeliz de quem se suspeita, segundo as odiosas lições de alguns criminalistas, que escreveram, com fria barbárie, compilações de iniquidades que ousam apresentar como regras aos magistrados e como leis às nações.

Quando se reflete sobre todas essas coisas, é-se forçado a reconhecer com amargura que a razão quase nunca tem sido consultada nas leis que se deram aos povos. Os crimes mais hediondos, os delitos mais obscuros e mais quiméricos, e portanto os mais inverossímeis, são precisamente os que se consideram constatados sobre simples conjecturas e indícios menos sólidos e mais equívocos. Dizer-se-ia que as leis e o magistrado só têm interesse em descobrir um crime, e não em procurar a verdade; e que o legislador não vê que se expõe constantemente ao risco de condenar um inocente, pronunciando-se sobre crimes inverossímeis ou mal provados.

À maioria dos homens falta essa energia que produz igualmente as grandes ações e os grandes crimes, e que traz quase sempre juntas as virtudes magnânimas e os crimes monstruosos, nos Estados que só se mantêm pela atividade do governo, pelo orgulho nacional e pelo concurso das paixões pelo bem público.

Quanto às nações cujo poderio é consolidado e constantemente sustentado por boas leis, as paixões enfraquecidas parecem mais capazes de manter a forma de governo estabelecida do que de melhorá-la. Daí resulta uma consequência importante: que os grandes crimes nem sempre são a prova da decadência de um povo.

14 DOS CRIMES COMEÇADOS; DOS CÚMPLICES; DA IMPUNIDADE

Se bem que as leis não possam punir a intenção, não é menos verdadeira que uma ação que seja o começo de um delito e que prova a vontade de cometê-lo, merece um castigo, mas menos grande do que o que seria aplicado se o crime tivesse sido cometido.

Esse castigo é necessário, porque é importante prevenir mesmo as primeiras tentativas dos crimes. Mas, como pode haver um intervalo entre a tentativa de um delito e a sua execução, é justo reservar uma pena maior ao crime consumado, para deixar àquele que apenas começou o crime alguns motivos que o impeçam de acabá-lo.

Deve seguir-se a mesma gradação nas penas, em relação aos cúmplices, se estes não foram todos executantes imediatos.

Quando vários homens se unem para enfrentar um perigo comum, quanto maior é o perigo, tanto mais procurarão torná-lo igual para todos. Se as leis punissem mais severamente os executantes do crime do que os simples cúmplices, seria mais difícil aos que meditam um atentado encontrar entre eles um homem que quisesse executá-lo, porque o risco seria maior, em virtude da diferença das penas. Há, contudo, um caso em que a gente deve afastar-se da regra que formulamos, e é quando o executante do crime recebeu dos cúmplices uma recompensa particular; como a diferença do risco foi compensada pela diferença das vantagens, o castigo deve ser igual.

Se tais reflexões parecerem um tanto rebuscadas, reflita-se que é importantíssimo que as leis deixem aos cúmplices da má ação o mínimo de meios possível para que se ponham de acordo.

Alguns tribunais oferecem a impunidade ao cúmplice de um grande crime que trair os seus companheiros. Esse expediente apresenta certas vantagens; mas, não está isento de perigos, de vez que a sociedade autoriza desse modo a traição, que repugna aos próprios celerados. Ela introduz os crimes de covardia, bem mais funestos do que os crimes de energia e de coragem, porque a coragem é pouco comum e espera apenas uma força benfazeja que a dirija para o bem público, ao passo que a covardia, muito mais geral, é um contágio que infecta rapidamente todas as almas.

O tribunal que emprega a impunidade para conhecer um crime mostra que se pode encobrir esse crime, pois que ele não o conhece; e as leis descobrem-lhe a fraqueza, implorando o socorro do próprio celerado que as violou.

Por outro lado, a esperança da impunidade, para o cúmplice que trai, pode prevenir grandes crimes e reanimar o povo, sempre apavorado quando vê crimes cometidos sem conhecer os culpados.

Esse uso mostra ainda aos cidadãos que aquele que infringe as leis, isto é, as convenções públicas, já não é fiel às convenções particulares.

Parece-me que uma lei geral, que prometesse a impunidade a todo cúmplice que revela um crime, seria preferível a uma declaração especial num caso particular: preveniria a união dos maus, pelo temor recíproco que inspiraria a cada um de se expor sozinho aos perigos; e os tribunais já não veriam os celerados encorajados pela ideia de que há casos em que se pode ter necessidade deles. De resto, seria preciso acrescentar aos dispositivos dessa lei que a impunidade traria consigo o banimento do delator.

É, porém, em vão que procuro abafar os remorsos que me

afligem, quando autorizo as santas leis, fiadoras sagradas da confiança pública, base respeitável dos costumes, a proteger a perfídia, a legitimar a traição. E que opróbrio para uma nação, se os seus magistrados, tornados infiéis, faltassem à promessa que fizeram e se apoiassem vergonhosamente em vãs sutilezas, para levar ao suplício aquele que respondeu ao convite das leis!...

Esses monstruosos exemplos não são raros; eis porque tanta gente só vê na sociedade política uma máquina complicada, na qual os mais hábeis ou os mais poderosos governam as molas ao seu capricho.

Eis também o que multiplica esses homens frios, insensíveis a tudo o que encanta as almas ternas, que só experimentam sensações calculadas e que, todavia, sabem excitar nos outros os sentimentos mais caros e as paixões mais fortes, quando estas são úteis aos seus projetos; semelhantes ao músico hábil que, sem nada sentir ele próprio, tira do instrumento que domina sons tocantes ou terríveis.

15 DA MODERAÇÃO DAS PENAS

As verdades até aqui expostas demonstram à evidência que o fim das penas não pode ser atormentar um ser sensível, nem fazer que um crime não cometido seja cometido.

Como pode um corpo político, que, longe de se entregar às paixões, deve ocupar-se exclusivamente com pôr um freio nos particulares, exercer crueldades inúteis e empregar o instrumento do furor, do fanatismo e da covardia dos tiranos? Poderão os gritos de um infeliz nos tormentos retirar do seio do passado, que não volta mais, uma ação já cometida? Não. Os castigos têm por fim único impedir o culpado de ser nocivo futuramente à sociedade e desviar seus concidadãos da senda do crime.

Entre as penas, e na maneira de aplicá-las proporcionalmente aos delitos, é mister, pois, escolher os meios que devem causar no espírito público a impressão mais eficaz e mais durável, e, ao mesmo tempo, menos cruel no corpo do culpado.

Quem não estremece de horror ao ver na história tantos tormentos atrozes e inúteis, inventados e empregados friamente por monstros que se davam o nome de sábios? Quem poderia deixar de tremer até ao fundo da alma, ao ver os milhares de infelizes que o desespero força a retomar a vida selvagem, para escapar a males insuportáveis causados ou tolerados por essas leis injustas que sempre acorrentaram e ultrajaram a multidão, para favorecer unicamente um pequeno número de homens privilegiados?

Mas, a superstição e a tirania os perseguem; acusam-nos de crimes impossíveis ou imaginários; ou então são culpados, mas somente de terem sido fiéis às leis da natureza. Não importa! Homens dotados dos mesmos sentidos e sujeitos às mesmas paixões se comprazem em julgá-los criminosos, têm prazer em seus tormentos, dilaceram-nos com solenidade, aplicam-lhes torturas e os entregam ao espetáculo de uma multidão fanática que goza lentamente com suas dores.

Quanto mais atrozes forem os castigos, tanto mais audacioso será o culpado para evitá-los. Acumulará os crimes, para subtrair-se à pena merecida pelo primeiro.

Os países e os séculos em que os suplícios mais atrozes foram postos em prática são também aqueles em que se viram os crimes mais horríveis. O mesmo espírito de ferocidade que ditava leis de sangue ao legislador punha o punhal nas mãos do assassino e do parricida. Do alto do trono, o soberano dominava com uma verga de ferro; e os escravos só imolavam os tiranos para possuírem novos.

À medida que os suplícios se tornam mais cruéis, a alma, semelhante aos fluidos que se põem sempre ao nível dos objetos que os cercam, endurece-se pelo espetáculo renovado da barbárie. A gente se habitua aos suplícios horríveis; e, depois de cem anos de crueldades multiplicadas, as paixões, sempre ativas, são menos refreadas pela roda e pela força do que antes o eram pela prisão.

Para que o castigo produza o efeito que dele se deve esperar, basta que o mal que causa ultrapasse o bem que o culpado retirou do crime. Devem contar-se ainda como parte do castigo os terrores que precedem a execução e a perda das vantagens que o crime devia produzir. Toda severidade que ultrapasse os limites se torna supérflua e, por conseguinte, tirânica.

Os males que os homens conhecem por funesta experiência regularão melhor a sua conduta do que aqueles que eles ignoram. Suponde duas nações entre aquelas em que as penas são proporcionais aos delitos. Sendo a escravidão perpétua o maior castigo em uma, e o suplício o maior em outra, é certo que essas duas penas inspirarão em cada uma igual terror.

E, se houvesse uma razão para transportar para o primeiro povo os castigos mais rigorosos estabelecidos no segundo, a mesma razão conduziria a aumentar para este a crueldade dos suplícios, passando insensivelmente do uso da roda para tormentos mais lentos e mais requintados, em suma, para o último refinamento da ciência dos tiranos.

A crueldade das penas produz ainda dois resultados funestos, contrários ao fim do seu estabelecimento, que é prevenir o crime.

Em primeiro lugar, é muito difícil estabelecer uma justa proporção entre os delitos e as penas; porque, embora uma crueldade industriosa tenha multiplicado as espécies de tormentos, nenhum suplício pode ultrapassar o último grau da força humana, limitada pela sensibilidade e a organização do corpo do homem. Além desses limites, se surgirem crimes mais hediondos, onde se encontrarão penas bastante cruéis?

Em segundo lugar, os suplícios mais horríveis podem acarretar às vezes a impunidade. A energia da natureza humana é circunscrita no mal como no bem. Espetáculos demasiado bárbaros só podem ser o resultado dos furores passageiros de um tirano, e não ser sustentados por um sistema constante de legislação. Se as leis são cruéis, ou logo serão modificadas, ou não mais poderão vigorar e deixarão o crime impune.

Termino por esta reflexão: que o rigor das penas deve ser relativo ao estado atual da nação. São necessárias impressões fortes e sensíveis para impressionar o espírito grosseiro de um povo que sai do estado selvagem. Para abater o leão furioso, é necessário o raio, cujo ruído só faz irritá-lo. Mas, à medida que as almas se abrandam no estado de sociedade, o homem se torna mais sensível; e, se se quiser conservar as mesmas relações entre o objeto e a sensação, as penas devem ser menos rigorosas.

16 DA PENA DE MORTE

Ante o espetáculo dessa profusão de suplícios que jamais tornaram os homens melhores, eu quero examinar se a pena de morte é verdadeiramente útil e se é justa num governo sábio.

Quem poderia ter dado a homens o direito de degolar seus semelhantes? Esse direito não tem certamente a mesma origem que as leis que protegem.

A soberania e as leis não são mais do que a soma das pequenas porções de liberdade que cada um cedeu à sociedade. Representam a vontade geral, resultado da união das vontades particulares. Mas, quem já pensou em dar a outros homens o direito de tirar-lhe a vida? Será o caso de supor que, no sacrifício que faz de uma pequena parte de sua liberdade, tenha cada indivíduo querido arriscar a própria existência, o mais precioso de todos os bens?

Se assim fosse, como conciliar esse princípio com a máxima que proíbe o suicídio? Ou o homem tem o direito de se matar, ou não pode ceder esse direito a outrem nem à sociedade inteira.

A pena de morte não se apoia, assim, em nenhum direito. É uma guerra declarada a um cidadão pela nação, que julga a destruição desse cidadão necessária ou útil. Se eu provar, porém, que a morte não é útil nem necessária, terei ganho a causa da humanidade.

A morte de um cidadão só pode ser encarada como necessária por dois motivos: nos momentos de confusão em que uma nação fica na alternativa de recuperar ou de perder sua liberdade, nas épocas de confusão, em que as leis são substituídas pela desordem, e quando um cidadão, embora privado de sua liberdade, pode ainda, por suas relações e seu crédito, atentar contra a segurança pública, podendo sua existência produzir uma revolução perigosa no governo estabelecido.

Mas, sob o reino tranquilo das leis, sob uma forma de governo aprovada pela nação inteira, num Estado bem defendido no exterior e sustentado no interior pela força e pela opinião talvez mais poderosa do que a própria força, num país em que a autoridade é exercida pelo próprio soberano, em que as riquezas só podem proporcionar prazeres e não poder, não pode haver nenhuma necessidade de tirar a vida a um cidadão, a menos que a morte seja o único freio capaz de impedir novos crimes.

A experiência de todos os séculos prova que a pena de morte nunca deteve celerados determinados a fazer mal. Essa verdade se apoia no exemplo dos romanos e nos vinte anos do reinado da imperatriz da Rússia, a benfeitora Izabel[13], que deu aos chefes dos povos uma lição mais ilustre do que todas as brilhantes conquistas que a pátria só alcança ao preço do sangue dos seus filhos.

---

(13) – Isabel Petrovna (1709-1762), filha de Pedro-o-Grande, tendo subido ao trono da Rússia em 1741.

Se os homens, a quem a linguagem da razão é sempre suspeita e que só se rendem à autoridade dos antigos usos, se recusam à evidência dessas verdades, bastar-lhes-á interrogar a natureza e consultar o próprio coração para testemunhar os princípios que acabam de ser estabelecidos.

O rigor do castigo causa menos efeito sobre o espírito humano do que a duração da pena, porque a nossa sensibilidade é mais fácil e mais constantemente afetada por uma impressão ligeira, mas frequente, do que por um abalo violento, mas passageiro. Todo ser sensível está submetido ao império do hábito; e, como é este que ensina o homem a falar, a andar, a satisfazer suas necessidades, é também ele que grava no coração do homem as ideias de moral por impressões repetidas.

O espetáculo atroz, mas momentâneo, da morte de um celerado é para o crime um freio menos poderoso do que o longo e contínuo exemplo de um homem privado de sua liberdade, tornado até certo ponto uma besta de carga e que repara com trabalhos penosos o dano que causou à sociedade. Essa volta frequente do espectador a si mesmo: "Se eu cometesse um crime, estaria reduzido toda a minha vida a essa miserável condição", — essa ideia terrível assombraria mais fortemente os espíritos do que o medo da morte, que se vê apenas um instante numa obscura distância que lhe enfraquece o horror.

A impressão produzida pela visão dos suplícios não pode resistir à ação do tempo e das paixões, que logo apagam da memória dos homens as coisas mais essenciais.

Por via de regra, as paixões violentas surpreendem vivamente, mas o seu efeito não dura. Produzirão uma dessas revoluções súbitas que fazem de repente de um homem comum um romano ou um espartano. Mas, num governo tranquilo e livre, são necessárias menos paixões violentas do que impressões duráveis.

Para a maioria dos que assistem à execução de um criminoso, o suplício deste é apenas um espetáculo; para a minoria, é um objeto de piedade mesclado de indignação. Esses dois sentimentos ocupam a alma do espectador, bem mais do que o terror salutar que é o fim da pena de morte. Mas, as penas moderadas e contínuas só produzem nos espectadores o sentimento do medo.

No primeiro caso, sucede ao espectador do suplício o mesmo que ao espectador do drama; e, assim como o avaro retorna ao seu cofre, o homem violento e injusto retorna às suas injustiças.

O legislador deve, por conseguinte, pôr limites ao rigor das penas, quando o suplício não se torna mais do que um espetáculo e parece ordenado mais para ocupar a força do que para punir o crime.

Para que uma pena seja justa, deve ter apenas o grau de rigor bastante para desviar os homens do crime. Ora, não há homem que possa vacilar entre o crime, mau grado a vantagem que este prometa, e o risco de perder para sempre a liberdade.

Assim, pois, a escravidão perpétua, substituindo a pena de morte, tem todo o rigor necessário para afastar do crime o espírito mais determinado. Digo mais: encara-se muitas vezes a morte de modo tranquilo e firme, uns por fanatismo, outros por essa vaidade que nos acompanha mesmo além do túmulo. Alguns, desesperados, fatigados da vida, veem na morte um meio de se livrar da miséria. Mas, o fanatismo e a vaidade desaparecem nas cadeias, sob os golpes, em meio às barras de ferro. O desespero não lhes põe fim aos males, mas os começa.

Nossa alma resiste mais à violência das dores extremas, apenas passageiras, do que ao tempo e à continuidade do desgosto. Todas as forças da alma, reunindo-se contra males passageiros, podem enfraquecer-lhes a ação; mas, todas as suas molas acabam por ceder a penas longas e constantes.

Numa nação em que a pena de morte é empregada, é forçoso, para cada exemplo que se dá, um novo crime; ao passo que a escravidão perpétua de um único culpado põe sob os olhos do povo um exemplo que subsiste sempre, e se repete.

Se é mister que os homens tenham sempre sob os olhos os efeitos do poder das leis, é preciso que os suplícios sejam frequentes, e desde então é preciso também que os crimes se multipliquem; o que provará que a pena de morte não causa toda a impressão que deveria produzir, e que é inútil quando julgada necessária.

Dir-se-á que a escravidão perpétua é também uma pena rigorosa e, por conseguinte, tão cruel quanto a morte. Responderei que, reunindo num ponto todos os momentos infelizes da vida de um escravo, sua vida seria talvez mais horrível do que os suplícios mais atrozes; mas, esses momentos ficam espalhados por todo o curso da vida, ao passo que a pena de morte exerce todas as suas forças num só instante.

A vantagem da pena da escravidão para a sociedade é que amedronta mais aquele que a testemunha do que quem a sofre, porque o primeiro considera a soma de todos os momentos infelizes, ao passo que o segundo se alheia de suas penas futuras, pelo sentimento da infelicidade presente.

A imaginação aumenta todos os males. Aquele que sofre encontra em sua alma, endurecida pelo hábito da desgraça, consolações e recursos que as testemunhas dos seus males não conhecem, porque julgam segundo sua sensibilidade do momento.

É somente por uma boa educação que se aprende a desenvolver e a dirigir os sentimentos do próprio coração. Mas, embora os celerados não possam perceber os seus princípios, nem por isso deixam de agir segundo um certo raciocínio. Ora, eis mais ou menos, como raciocina um assassino ou um ladrão, que só se afasta do crime pelo medo do poder ou da roda:

"Quais são, afinal, as leis que devo respeitar e que deixam tão grande intervalo entre mim e o rico? O homem opulento recusa-me com dureza a pequena esmola que lhe peço e me manda para o trabalho, que eu jamais conheci. Quem fez essas leis? Homens ricos e poderosos, que jamais se dignaram de visitar a miserável choupana do pobre, que não viram repartir um pão grosseiro aos seus pobres filhos famintos e à sua mãe desolada. Rompamos as convenções, vantajosas somente para alguns tiranos covardes, mas funestas para a maioria. Ataquemos a injustiça em sua fonte. Sim retornarei ao meu estado de independência natural, viverei livre, provarei por algum tempo os frutos felizes da minha astúcia e da minha coragem. À frente de alguns homens determinados como eu, corrigirei os enganos da fortuna e verei meus tiranos tremer e empalidecer quando virem aquele que o seu fausto insolente punha abaixo dos cavalos e dos cães. Talvez venha uma época de dor e de arrependimento, mas essa época será curta; e por um dia de sofrimento, terei gozado vários anos de liberdade e de prazeres".

Se a religião se apresentar então ao espírito desse infeliz, não o intimidará; diminuirá mesmo aos seus olhos o horror do último suplício, oferecendo-lhe a esperança de um arrependimento fácil e da felicidade eterna que é seu fruto. Mas aquele que tem diante dos olhos um grande número de anos, ou mesmo a vida inteira que passar na escravidão e na dor, exposto ao desprezo dos seus concidadãos, dos quais fora um igual, escravo dessas leis pelas quais era protegido, faz uma comparação útil de todos os males, do êxito incerto do crime e do pouco tempo que terá para gozar.

O exemplo sempre presente dos infelizes que ele vê vítimas da imprudência impressiona-o muito mais do que os suplícios, que podem endurecê-lo, mas não corrigi-lo.

A pena de morte é ainda funesta à sociedade, pelos exemplos de crueldade que dá aos homens.

Se as paixões ou a necessidade da guerra ensinam a espalhar o sangue humano, as leis, cujo fim é suavizar os costumes, deveriam multiplicar essa barbaria, tanto mais horrível quanto dá a morte com mais aparato e formalidades?

Não é absurdo que as leis, que são a expressão da vontade geral, que detestam e punem o homicídio, ordenem um morticínio público, para desviar os cidadãos do assassínio?

Quais são as leis mais justas e mais úteis? São as que todos proporiam e desejariam observar, nesses momentos em que o interesse particular se cala ou se identifica com o interesse público.

Qual é o sentimento geral sobre a pena de morte? Está traçado em caracteres indeléveis nesses movimentos de indignação e de desprezo que nos inspira a simples visão do carrasco, que não é contudo senão o executor inocente da vontade pública, um cidadão honesto que contribui para o bem geral e que defende a segurança do Estado no interior, como o soldado, a defende no exterior.

Qual é, pois, a origem dessa contradição? E porque esse sentimento de horror resiste a todos os esforços da razão? É que, numa parte recôndita da nossa alma, na qual os princípios naturais ainda não foram alterados, descobrimos um sentimento que nos grita que um homem não tem nenhum direito legítimo sobre a vida de outro homem, e que só a necessidade, que estende por toda parte o seu cetro de ferro, pode dispor da nossa existência.

Que se deve pensar ao ver o sábio magistrado e os ministros sagrados da justiça fazer arrastar um culpado à morte, com cerimônia, com tranquilidade, com indiferença? E, enquanto o infeliz espera o golpe fatal, por entre convulsões e angústias, o juiz que acaba de o condenar deixa friamente o tribunal para ir provar em paz as doçuras e os prazeres da vida, e talvez louvar-se, com secreta complacência, pela autoridade que acaba de exercer. Não será o caso de dizer que essas leis são apenas a máscara da tirania, que essas formalidades cruéis e refletidas da justiça são simplesmente um pretexto para imolar-nos com mais confiança, como vítimas sacrificadas ao despotismo insaciável?

O assassínio, que nos aparece como um crime horrível, nós o vemos cometer friamente e sem remorso. Não poderemos autorizar-nos com esse exemplo? Pintavam-nos a morte violenta como uma cena terrível, e é apenas questão de um momento. Será menos ainda para aquele que tiver coragem de ir-lhe ao encontro e de poupar-se desse modo tudo o que ela tem de doloroso. Tais são os tristes e funestos raciocínios que perdem uma cabeça já disposta ao crime, um espírito mais capaz de se deixar conduzir pelos abusos da religião do que pela religião mesma.

A história dos homens é um imenso oceano de erros, no qual se vê sobrenadar uma ou outra verdade mal conhecida. Não me oponham, pois, o exemplo da maior parte das nações, que, em quase todos os tempos, aplicaram a pena de morte contra certos crimes; esses exemplos nenhuma força têm contra a verdade que é sempre tempo de reconhecer. Nesse caso, aprovar-se-iam os sacrifícios humanos, porque estiveram geralmente em uso entre todos os povos primitivos.

Mas, se descubro alguns povos que se abstiveram, mesmo durante um curto espaço de tempo do emprego da pena de morte, posso prevalecer-me disso com razão; pois o destino das grandes verdades é não brilhar senão com a duração do relâmpago, no meio da longa noite de trevas que envolve o gênero humano.

Ainda não chegaram os dias felizes em que a verdade eliminará o erro e se tornará apanágio de maioria, em que o gênero humano não será iluminado somente pelas verdades reveladas.

Sinto quanto a voz fraca de um filósofo será facilmente abafada pelos gritos tumultuosos dos fanáticos escravos do preconceito. Mas, o pequeno número de sábios espalhados pela superfície da terra saberá entender-me; seu coração aprovará meus esforços; e se, mau grado todos os obstáculos que a afastam do trono, a verdade pudesse penetrar até aos ouvidos dos príncipes, saibam eles que essa verdade lhes leva os votos secretos da humanidade inteira; saibam que, se protegerem a verdade santa, sua glória ofuscará a dos mais famosos conquistadores e a equitativa posteridade colocará seus nomes acima dos Titos[14], dos Antoninos[15] e dos Trajanos[16].

Feliz o gênero humano, se, pela primeira vez, recebesse leis! Hoje, que vemos elevados nos tronos da Europa príncipes benfeitores, amigos das virtudes pacíficas, protetores das ciências e das artes, pais dos seus povos, e cidadãos coroados; quando esses príncipes, consolidando sua autoridades, trabalham para a felicidade dos seus súditos, quando destroem esse despotismo intermediário, tanto mais cruel quanto menos solidamente estabelecido, quando comprimem os tiranos subalternos que interceptam os votos do povo e os impedem de chegar até ao trono, onde seriam escutados; quando se considera que, se tais príncipes deixam subsistir leis defeituosas, é porque são premidos pela extrema dificuldade de destruir erros acreditados por uma longa série de séculos e protegidos por um certo número de homens interessados que punem: todo cidadão esclarecido deve desejar com ardor que o poder desses soberanos ainda aumente e se torne bastante grande para permitir-lhes a reforma de uma legislação funesta.

---

(14) – Tito, filho de Vespasiano, imperador romano de 76 a 81, cognominado a delícia do gênero humano, em virtude dos grandes benefícios feitos ao povo. "Perdi o dia" (Diem perdidi), – costumava ele dizer quando se passava um dia sem que tivesse tido ocasião de praticar alguma ação generosa.

(15) – Antonino o Piedoso foi um dos sete imperadores romanos (Nerva, Trajano, Adriano, Antonio, Marco Aurélio, Vero e Cômodo) que reinaram de 96 a 192. Seu governo, de 138 a 161, caracterizou-se por um notável espírito de moderação e de justiça.

(16) – Um dos sete imperadores antoninos, excelente organizador. Reinou de 98 a 117.

17 DO BANIMENTO E DAS CONFISCAÇÕES

Aquele que perturba a tranquilidade pública, que não obedece às leis, que viola as condições sob as quais os homens se sustentam e se defendem mutuamente, esse deve ser excluído da sociedade, isto é, banido.

Parece-me que se poderiam banir aqueles que, acusados de um crime atroz, são suspeitos de culpa com maior verossimilhança, mas sem estar plenamente convencidos do crime.

Em casos semelhantes, seria mister que uma lei, a menos arbitrária e a mais precisa possível, condenasse ao banimento aquele que pusesse a nação na fatal alternativa de fazer uma injustiça ou de temer um acusado. Seria mister, igualmente, que essa lei deixasse ao banido o direito sagrado de poder a todo instante provar sua inocência e recuperar os seus direitos. Seria mister, enfim, que houvesse razões mais fortes para banir um cidadão acusado pela primeira vez do que para condenar a essa pena um estrangeiro ou um homem que já tivesse sido chamado à justiça.

Mas, deve aquele que se bane, que se exclui para sempre da sociedade de que fazia parte, ser ao mesmo tempo privado dos seus bens? Essa questão pode ser encarada sob diferentes aspectos.

A perda dos bens é uma pena maior que a do banimento. Deve, pois, haver casos em que, para proporcionar a pena ao crime, se confiscarão todos os bens do banido. Em outras circunstâncias, só será despojado de uma parte de sua fortuna; e, para certos delitos, o banimento não será acompanhado de nenhuma confiscação. O culpado poderá perder todos os seus bens, se a lei que pronuncia o banimento declara rompidos todos os laços que o ligavam à sociedade; porque desde então o cidadão está morto, resta somente o homem; e, perante a sociedade, a morte política de um cidadão deve ter as mesmas consequências que a morte natural.

Segundo essa máxima, dir-se-á talvez que é evidente que os bens do culpado deveriam reverter para os herdeiros legítimos, e não para o príncipe; não é nisso, porém, que me apoiarei para desaprovar as confiscações.

Se alguns jurisconsultos sustentaram que as confiscações punham um freio às vinganças dos particulares banidos, tirando-lhes o poder de ser nocivos, é que não refletiram que não basta uma pena produzir algum bem para ser justa. Uma pena só é justa quando necessária. Um legislador não autorizará nunca uma injustiça útil, se quer prevenir as invasões da tirania, que vela sem cessar, que seduz e abusa pelo pretexto falaz de algumas vantagens momentâneas, e que faz deperecer em pranto e na miséria um povo cuja ruína prepara, para espalhar a abundância e a felicidade sobre uma minoria de homens privilegiados.

O uso das confiscações põe continuamente a prêmio a cabeça do infeliz sem defesa, e faz o inocente sofrer os castigos reservados aos culpados. Pior ainda, as confiscações podem fazer do homem de bem um criminoso, pois o levam ao crime, reduzindo-o à indigência e ao desespero.

E, além disso, não há espetáculo mais hediondo que o de uma família inteira coberta de infâmia, mergulhada nos horrores da miséria pelo crime do seu chefe, crime que essa família, submetida à autoridade do culpado, não poderia prevenir, mesmo que tivesse os meios para tanto.

18 DA INFÂMIA

A infâmia é um sinal da improbação pública, que priva o culpado da consideração, da confiança que a sociedade tinha nele e dessa espécie de fraternidade que une os cidadãos de um mesmo país.

Como os efeitos da infâmia não dependem absolutamente das

leis, é mister que a vergonha que a lei inflige se baseie na moral, ou na opinião pública. Se se tentasse manchar de infâmia uma ação que a opinião não julga infame, ou a lei deixaria de ser respeitada, ou as ideias aceitas de probidade e de moral desapareceriam, mau grado todas as declamações dos moralistas, sempre impotentes contra a força do exemplo.

Declarar infames ações indiferentes em si mesmas, é diminuir a infâmia das que efetivamente merecem ser designadas desse modo.

Bem necessário é evitar que se punam com penas corporais e dolorosas certos delitos fundados no orgulho e que fazem dos castigos uma glória. Tal é o fanatismo, que só pode ser reprimido pelo ridículo e pela vergonha.

Se se humilhar à orgulhosa vaidade dos fanáticos perante uma grande multidão de espectadores, devem esperar-se felizes efeitos dessa pena, pois que a própria verdade tem necessidade dos maiores esforços para se defender, quando é atacada pela arma do ridículo.

Opondo assim a força à força e a opinião à opinião, um legislador esclarecido dissipa no espírito do povo a admiração que lhe causa um falso princípio, cujo absurdo lhe foi dissimulado com raciocínios especiosos.

As penas infamantes devem ser raras, porque o emprego demasiado frequente do poder da opinião enfraquece a força da própria opinião. A infâmia não deve cair tão pouco sobre um grande número de pessoas ao mesmo tempo, porque a infâmia de um grande número não é mais, em breve, a infâmia de ninguém.

Tais são os meios de harmonizar as relações invariáveis das coisas e de atender à natureza, que, sempre ativa e jamais sujeita aos limites do tempo, destrói e revoga todas as leis que se afastam dela. Não é só nas belas-artes que é preciso seguir fielmente a natureza: as instituições políticas, ao menos aquelas que têm um caráter de sabedoria e elementos de duração, se fundam na natureza; e a verdadeira política não é outra coisa senão a arte de dirigir para o mesmo fim de utilidade os sentimentos imutáveis do homem.

19 DA PUBLICIDADE E DA PRESTEZA DAS PENAS

Quanto mais pronta for a pena e mais de perto seguir o delito, tanto mais justa e útil ela será. Mais justa. porque poupará ao acusado os cruéis tormentos da incerteza, tormentos supérfluos, cujo horror aumenta para ele na razão da força de imaginação e do sentimento de fraqueza.

A presteza do julgamento é justa ainda porque, a perda da liberdade sendo já uma pena, esta só deve preceder a condenação na estrita medida que a necessidade o exige.

Se a prisão é apenas um meio de deter um cidadão até que ele seja julgado culpado, como esse meio é aflitivo e cruel, deve-se, tanto quanto possível, suavizar-lhe o rigor e a duração. Um cidadão detido só deve ficar na prisão o tempo necessário para a instrução do processo; e os mais antigos detidos têm direito de ser julgados em primeiro lugar.

O acusado não deve ser encerrado senão na medida em que for necessário para o impedir de fugir ou de ocultar as provas do crime. O processo mesmo deve ser conduzido sem protelações. Que contraste hediondo entre a indolência de um juiz e a angústia de um acusado! De um lado, um magistrado insensível, que passa os dias no bem-estar e nos prazeres, e de outro um infeliz que definha, a chorar no fundo de uma masmorra abominável.

Os efeitos do castigo que se segue ao crime devem ser em geral impressionantes e sensíveis para os que o testemunharam; haverá, porém, necessidade de que esse castigo seja tão cruel para quem o sofre? Quando os homens se reuniram em sociedade, foi para só se sujeitarem aos mínimos males possíveis; e não há país que possa negar esse princípio incontestável.

Eu disse que a presteza da pena é útil; e é certo que, quanto menos tempo decorrer entre o delito e a pena, tanto mais os espíritos ficarão compenetrados da ideia de que não há crimes sem castigo; tanto mais se habituarão a considerar o crime como a causa da qual o castigo é o efeito necessário e inseparável.

É a ligação das ideias que sustenta todo o edifício do entendimento humano. Sem ela, o prazer e a dor seriam sentimentos isolados, sem efeito, tão cedo esquecidos quanto sentidos. Os homens sem ideias gerais e princípios universais, isto é, os homens ignorantes e embrutecidos, não agem senão segundo as ideias mais vizinhas e mais imediatamente unidas. Negligenciam as relações distantes, e essas ideias complicadas, que só se apresentam ao homem fortemente apaixonado por um objeto, ou aos espíritos esclarecidos. A luz da atenção dissipa no homem apaixonado as trevas que cercam o vulgar. O homem instruído, acostumado a percorrer e a comparar rapidamente um grande número de ideias e de sentimentos opostos, tira do contraste um resultado que constitui a base de sua conduta, desde então menos incerta e menos perigosa.

É, pois, da maior importância punir prontamente um crime cometido, se se quiser que, no espírito grosseiro do vulgo, a pintura sedutora das vantagens de uma ação criminosa desperte imediatamente a ideia de um castigo inevitável. Uma pena por demais retardada torna menos estreita a união dessas duas ideias: crime e castigo. Se o suplício de um acusado causa então alguma impressão, e somente como espetáculo, pois só se apresenta ao espectador quando o horror do crime, que contribui para fortificar o horror da pena, já está enfraquecido nos espíritos.

Poder-se-ia ainda estreitar mais a ligação das ideias de crime e de castigo, dando à pena toda a conformidade possível com a natureza do delito, a fim de que o receio de um castigo especial afaste o espírito do caminho a que conduzia a perspectiva de um crime vantajoso. É preciso que a ideia do suplício esteja sempre presente no coração do homem fraco e domine o sentimento que o leva ao crime.

Entre vários povos, punem-se os crimes pouco consideráveis com a prisão ou com a escravidão num país distante, isto é, manda-se o culpado levar um exemplo inútil a uma sociedade que ele não ofendeu.

Como os homens não se entregam, a princípio, aos maiores crimes, a maior parte dos que assistem ao suplício de um celerado, acusado de algum crime monstruoso, não experimentam nenhum sentimento de terror ao verem um castigo que jamais imaginam poder merecer. Ao contrário, a punição pública dos pequenos delitos mais comuns causar-lhe-á na alma uma impressão salutar que os afastará de grandes crimes, desviando-os primeiro dos que o são menos.

20 QUE O CASTIGO DEVE SER INEVITÁVEL – DAS GRAÇAS

Não é o rigor do suplício que previne os crimes com mais segurança, mas a certeza do castigo, o zelo vigilante do magistrado e essa severidade inflexível que só é uma virtude no juiz quando as leis são brandas. A perspectiva de um castigo moderado, mas inevitável causará sempre uma forte impressão mais forte do que o vago temor de um suplício terrível, em relação ao qual se apresenta alguma esperança de impunidade.

O homem treme à ideia dos menores males, quando vê a impossibilidade de evitá-los; ao passo que a esperança, doce filha do céu, que tantas vezes nos proporciona todos os bens, afasta sempre a ideia dos tormentos mais cruéis, por pouco que ela seja sustentada pelo exemplo da impunidade, que a fraqueza ou o amor do ouro tão frequentemente concede.

Às vezes, a gente se abstém de punir um delito pouco importante, quando o ofendido perdoa. É um ato de benevolência, mas um ato contrário ao bem público. Um particular pode bem não exigir a reparação do mal que se lhe fez; mas, o perdão que ele concede não pode destruir a necessidade do exemplo.

O direito de punir não pertence a nenhum cidadão em particular; pertence às leis, que são o órgão da vontade de todos. Um cidadão ofendido pode renunciar à sua porção desse direito, mas não tem nenhum poder sobre a dos outros.

Quando as penas se tiverem tornado menos cruéis, a demência e o perdão serão menos necessários. Feliz a nação que não mais lhes desse o nome de virtudes! A demência, que se tem visto em alguns soberanos substituir outras qualidades que lhes faltavam para cumprir os deveres do trono, deveria ser banida de uma legislação sábia na qual as penas fossem brandas e a justiça feita com formas prontas e regulares.

Essa verdade parecerá dura apenas aos que vivem submetidos aos abusos de uma jurisprudência criminal que concede a graça e o perdão necessários em razão mesmo da atrocidade das penas e do absurdo das leis.

O direito de conceder graça é sem dúvida a mais bela prerrogativa do trono; é o mais precioso atributo do poder soberano; mas, ao mesmo tempo, é uma improbação tácita das leis existentes. O soberano que se ocupa com a felicidade pública e que julga contribuir para ela exercendo o direito de conceder graça, eleva-se então contra o código criminal, consagrado, mau grado seus vícios, pelos preconceitos antigos, pelo calhamaço impostor dos comentadores, pelo grave aparelho das velhas formalidades, enfim, pelo sufrágio dos semissábios, sempre mais insinuantes e mais escutados do que os verdadeiros sábios.

Sendo a clemência virtude do legislador e não do executor das leis, devendo manifestar-se no Código e não em julgamentos particulares, se se deixar ver aos homens que o crime pode ser perdoado e que o castigo nem sempre é a sua consequência necessária, nutre-se neles a esperança da impunidade; faz-se com que aceitem os suplícios não como atos de justiça, mas como atos de violência.

Quando o soberano concede graça a um criminoso, não será o caso de dizer que sacrifica a segurança pública à de um particular e que, por um ato de cega benevolência, pronuncia um decreto geral de impunidade?

Sejam, pois, as leis inexoráveis, sejam os executores das leis inflexíveis; seja, porém, o legislador indulgente e humano. Arquiteto prudente, dê por base ao seu edifício o amor que todo homem tem ao próprio bem-estar, e saiba fazer resultar o bem geral do concurso dos interesses particulares; não se verá, assim, constrangido a recorrer a leis imperfeitas, a meios pouco refletidos que separam a cada instante os interesses da sociedade dos cidadãos; não será forçado a elevar sobre o medo e a desconfiança o simulacro da felicidade pública. Filósofo profundo e sensível terá deixado aos seus irmãos o gozo pacífico da pequena porção de felicidade que o Ser supremo lhes concedeu nesta terra, que não é mais do que um ponto no meio de todos os mundos.

21 DOS ASILOS

Serão justos os asilos? E será útil o uso estabelecido entre as nações de permutarem entre si os criminosos?

Em toda a extensão de um Estado político, não deve haver nenhum lugar fora da dependência das leis. A força destas deve seguir o cidadão por toda a parte, como a sombra segue o corpo.

Há pouca diferença entre a impunidade e os asilos; e, como o melhor meio de impedir o crime é a perspectiva de um castigo certo e inevitável, os asilos, que representam um abrigo contra a ação das leis, convidam mais ao crime do que as penas o evitam, do momento em que se tem a esperança de evitá-los.

Multiplicar os asilos é formar pequenas soberanias, porque, quando as leis não têm poder, novas potências se formam de ordem comum, estabelece-se um espírito oposto ao do corpo inteiro da sociedade.

Vê-se, na história de todos os povos, que os asilos foram a fonte de grandes revoluções nos Estados e nas opiniões humanas.

Pretenderam alguns que, cometido um crime num lugar, isto é, um ato contrário às leis, teriam estas em toda parte o direito de punir. Será a qualidade de súdito, nesse caso, um caráter indelével? Será o nome de súdito pior que o de escravo? E admitir-se-á que um homem habite um país e seja submetido às leis de outro país? que suas ações fiquem ao mesmo tempo subordinadas a dois soberanos e a duas legislações muitas vezes contraditórias?

Ousou-se dizer, assim, que um crime cometido em Constantinopla podia ser punido em Paris, porque aquele que ofende uma sociedade humana merece ter todos os homens por inimigos e deve ser objeto da execração universal. No entanto, os juízes não são vingadores do gênero humano em geral; são os defensores das convenções particulares que ligam entre si um certo número de homens. Um crime só deve ser punido no país onde foi cometido, porque é somente aí, e não em outra parte, que os homens são forçados a reparar, pelo exemplo da pena, os funestos efeitos que o exemplo do crime pode produzir.

Um celerado, cujos crimes precedentes não puderam violar as leis de uma sociedade da qual não era membro, pode bem ser temido e expulso dessa sociedade; mas, as leis não podem infligir-lhe outra pena, pois são feitas somente para punir o mal que lhe é feito, e não o crime que não as ofende.

Será, pois, útil que as nações permutem reciprocamente entre si os criminosos? Certamente, a persuasão de não encontrar nenhum lugar na terra em que o crime possa ficar impune seria um meio bem eficaz de preveni-lo. Não ousarei, porém, decidir essa questão, até que as leis, tornando-se mais conformes aos sentimentos naturais do homem, com penas mais brandas, impedindo o arbítrio dos juízes e da opinião, assegurem a inocência e preservem a virtude das perseguições da inveja; até que a tirania, relegada ao Oriente, tenha deixado a Europa sob o doce império da razão, dessa razão eterna que une com um laço indissolúvel os interesses dos soberanos aos interesses dos povos.

22 DO USO DE PÔR A CABEÇA A PRÊMIO

Será vantajoso para a sociedade pôr a prêmio a cabeça de um criminoso, armar cada cidadão de um punhal e fazer assim outros tantos carrascos?

Ou o criminoso saiu do país, ou ainda está nele. No primeiro caso, excitam-se os cidadãos a cometer um assassínio, a atingir talvez um inocente, a merecer suplícios. Faz-se uma injúria à nação estrangeira, espezinha-se-lhe a autoridade, autoriza-se que se façam semelhantes usurpações entre os próprios vizinhos.

Se o criminoso ainda está no país cujas leis violou, o governo que põe sua cabeça a prêmio revela fraqueza. Quando a gente tem força para defender-se não compra o socorro de outrem.

Além disso, o uso de pôr a prêmio a cabeça de um cidadão anula todas as ideias de moral e de virtude, tão fracas e tão abaladas no espírito humano. De um lado, as leis punem a traição; de outro, autorizam-na. O legislador aperta com uma das mãos os laços de sangue e de amizade, e com a outra recompensa aquele que os quebra. Sempre em contradição consigo mesmo, ora procura espalhar a confiança e animar os que duvidam, ora semeia a desconfiança em todos os corações. Para prevenir um crime, faz nascer cem.

Semelhantes usos só convêm às nações fracas, cujas leis só servem para sustentar por um momento um edifício de ruínas que todo se esboroa.

Mas, à medida que as luzes de uma nação se difundem, a boa fé e a confiança recíproca se tornam necessárias, e a política é, enfim, constrangida a admiti-las. Então, desmancham-se e previnem-se mais facilmente as cabalas, os artifícios, as manobras obscuras e indiretas. Então, também, o interesse geral sai sempre vencedor dos interesses particulares.

Os povos esclarecidos poderiam buscar lições em alguns séculos de ignorância, nos quais a moral particular era sustentada pela moral pública.

As nações só serão felizes quando a sã moral estiver estreitamente ligada à política. Mas, leis que recompensam a traição, que acendem entre os cidadãos uma guerra clandestina, que excitam suspeitas recíprocas, opor-se-ão sempre a essa união tão necessária da política e da moral; união que daria aos homens segurança e paz, que lhes aliviaria a miséria e que traria às nações mais longos intervalos de repouso e concórdia do que aqueles de que até ao presente gozaram.

23 QUE AS PENAS DEVEM SER PROPORCIONAIS AOS DELITOS

O interesse de todos não é somente que se cometam poucos crimes, mais ainda que os delitos mais funestos à sociedade sejam os mais raros. Os meios que a legislação emprega para impedir os crimes devem, pois, ser mais fortes à medida que o delito é mais contrário ao bem público e pode tornar-se mais comum. Deve. pois, haver uma proporção entre os delitos e as penas.

Se o prazer e a dor são os dois grandes motores dos seres sensíveis; se, entre os motivos que determinam os homens em todas as suas ações, o supremo Legislador colocou como os mais poderosos as recompensas e as penas; se dois crimes que atingem desigualmente a sociedade recebem o mesmo castigo, o homem inclinado ao crime, não tendo que temer uma pena maior para o crime mais monstruoso, decidir-se-á mais facilmente pelo delito que lhe seja mais vantajoso; e a distribuição desigual das penas produzirá a contradição, tão notória quando frequente, de que as leis terão de punir os crimes que tiveram feito nascer.

Se se estabelece um mesmo castigo, a pena de morte por exemplo, para quem mata um faisão e para quem mata um homem ou falsifica um escrito importante, em breve não se fará mais nenhuma diferença entre esses delitos; destruir-se-ão no coração do homem os sentimentos morais, obra de muitos séculos, cimentada por ondas de sangue, estabelecida com lentidão através mil obstáculos, edifício que só se pode elevar com o socorro dos mais sublimes motivos e o aparato das mais solenes formalidades.

Seria em vão que se tentaria prevenir todos os abusos que se originam da fermentação contínua das paixões humanas; esses abusos crescem em razão da população e do choque dos interesses particulares, que é impossível dirigir em linha reta para o bem público. Não se pode provar essa asserção com toda a exatidão matemática; pode-se, porém, apoiá-la com exemplos notáveis.

Lançai os olhos sobre a história, e vereis crescerem os abusos à medida que os impérios aumentam. Ora, como o espírito nacional se enfraquece na mesma proporção, o pendor para o crime crescerá em razão da vantagem que cada um descobre no abuso mesmo; e a necessidade de agravar as penas seguirá necessariamente igual progressão.

Semelhante à gravitação dos corpos, uma força secreta impele-nos sempre para o nosso bem-estar. Essa impulsão só é enfraquecida pelos obstáculos que as leis lhe opõem. Todos os diversos atos do homem são efeitos dessa tendência interior. As penas são os obstáculos políticos que impedem os funestos efeitos do choque dos interesses pessoais, sem destruir-lhes a causa, que é o amor de si mesmo, inseparável da humanidade.

O legislador deve ser um arquiteto hábil, que saiba ao mesmo tempo empregar todas as forças que podem contribuir para consolidar o edifício e enfraquecer todas as que possam arruiná-lo.

Supondo-se a necessidade da reunião dos homens em sociedade, mediante convenções estabelecidas pelos interesses opostos de cada particular, achar-se-á uma progressão de crimes, dos quais o maior será aquele que tende à destruição da própria sociedade. Os menores delitos serão as pequenas ofensas feitas aos particulares. Entre esses dois extremos estarão compreendidos todos os atos opostos ao bem público, desde o mais criminoso até ao menos passível de culpa.

Se os cálculos exatos pudessem aplicar-se a todas as combinações obscuras que fazem os homens agir, seria mister procurar e fixar uma progressão de penas correspondente à progressão dos crimes. O quadro dessas duas progressões seria a medida da liberdade ou da escravidão da humanidade ou da maldade de cada nação.

Bastará, contudo, que o legislador sábio estabeleça divisões principais na distribuição das penas proporcionadas aos delitos e que, sobretudo, não aplique os menores castigos aos maiores crimes.

24 DA MEDIDA DOS DELITOS

Já observamos que a verdadeira medida dos delitos é o dano causado à sociedade. Eis aí uma dessas verdades que, embora evidentes para o espírito menos perspicaz, mas ocultas por um concurso singular de circunstâncias, só são conhecidas de um pequeno número de pensadores em todos os países e em todos os séculos cujas leis conhecemos.

As opiniões espalhadas pelos déspotas e as paixões dos tiranos abafaram as noções simples e as ideias naturais que constituíam sem dúvida a filosofia das sociedades primitivas. Mas, se a tirania comprimiu a natureza por uma ação insensível, ou por impressões violentas sobre os espíritos da multidão, hoje, enfim, as luzes do nosso século dissipam os tenebrosos projetos do despotismo, reconduzindo-nos aos princípios da filosofia e mostrando-no-los com mais certeza.

Esperemos que a funesta experiência dos séculos passados não seja perdida e que os princípios naturais reapareçam entre os homens, mau grado todos os obstáculos que se lhes opõem.

A grandeza do crime não depende da intenção de quem o comete, como erroneamente o julgaram alguns: porque a intenção do acusado depende das impressões causadas pelos objetos presentes e das disposições precedentes da alma. Esses sentimentos variam em todos os homens e no mesmo indivíduo, com a rápida sucessão das ideias, das paixões e das circunstâncias.

Se se punisse a intenção, seria preciso ter não só um Código particular para cada cidadão, mas uma nova lei penal para cada crime.

Muitas vezes, com a melhor das intenções, um cidadão faz à sociedade os maiores males, ao passo que um outro lhe presta grandes serviços com a vontade de prejudicar.

Outros jurisconsultos medem a gravidade do crime pela dignidade da pessoa ofendida, de preferência ao mal que possa causar à sociedade. Se esse método fosse aceito, uma pequena irreverência para com o Ser supremo mereceria uma pena bem mais severa do que o assassínio de um monarca, pois a superioridade da natureza divina compensaria infinitamente a diferença da ofensa.

Outros, finalmente, julgaram o delito tanto mais grave quanto maior a ofensa, à Divindade. Sentir-se-á facilmente quanto essa opinião é falsa, se se examinarem com sangue-frio as verdadeiras relações que unem os homens entre si e as que existem entre o homem e Deus.

As primeiras são relações de igualdade. Só a necessidade faz nascer; do choque das paixões e da posição dos interesses particulares, a ideia da unidade comum, base da justiça humana. Ao contrário, as relações que existem entre o homem e Deus são relações de dependência, que nos submetem a um ser perfeito e criador de todas as coisas, a um senhor soberano que somente a si reservou o direito de ser ao mesmo tempo legislador e juiz, somente ele pode ser a um tempo uma e outra coisa.

Se ele estabeleceu penas eternas para aquele que infringiu suas leis, qual será o inseto bastante temerário que ousará vir em socorro de sua justiça divina, para empreender vingar o ser que se basta a si mesmo, que os crimes não podem entristecer, que os castigos não podem alegrar e que é o único na natureza a agir de maneira constante?

A grandeza do pecado ou da ofensa para com Deus depende da maldade do coração; e, para que os homens pudessem sondar esse abismo, ser-lhes-ia preciso o socorro da revelação. Como poderiam eles determinar as penas dos diferentes crimes, sobre princípios cuja base lhes é desconhecida? Seria arriscado punir quando Deus perdoa e perdoar quando Deus pune.

Se os homens ofendem a Deus com o pecado, muitas vezes o ofendem mais ainda encarregando-se do cuidado de vingá-lo.

25 DIVISÃO DOS DELITOS

Há crimes que tendem diretamente à destruição da sociedade ou dos que a representam. Outros atingem o cidadão em sua vida, nos seus bens ou em sua honra. Outros, finalmente, são atos contrários ao que a lei prescreve ou proíbe, tendo em vista o bem público.

Todo ato não compreendido numa dessas classes não pode ser considerado como crime, nem punido como tal, senão pelos que descobrem nisso o seu interesse particular.

Por não se ter sabido guardar esses limites é que se vê em todas as nações uma oposição entre as leis e a moral, e muitas vezes uma oposição entre aquelas mesmas. O homem de bem está exposto às penas mais severas. As palavras vício e virtude não passam de sons vagos. A existência do cidadão envolve-se de incerteza; e os corpos políticos caem numa letargia funesta, que os conduz insensivelmente à ruína.

Cada cidadão pode fazer tudo o que não é contrário às leis, sem temer outros inconvenientes além dos que podem resultar de sua ação em si mesma. Esse dogma político deveria ser gravado no espírito dos povos, proclamado pelos magistrados supremos e protegido pelas leis. Sem esse dogma sagrado, toda sociedade legítima não pode subsistir por muito tempo, porque ele é a justa recompensa do sacrifício que os homens fizeram de sua independência e de sua liberdade.

É essa opinião que torna as almas fortes e generosas, que eleva o espírito, que inspira aos homens uma virtude superior ao medo e os faz desprezar essa miserável maleabilidade que tudo aprova e que é a única virtude dos homens bastante fracos para suportar constantemente uma existência precária e incerta.

Percorram-se, com visão filosófica, as leis e a história das nações, e se verão quase sempre os nomes de vício e virtude, de bom e mau cidadão, mudarem de valor segundo o tempo e as circunstâncias. Não são, porém, as reformas operadas no Estado ou nos negócios públicos que causarão essa revolução das ideias; esta será a consequência dos erros e dos interesses passageiros dos diferente legisladores.

Muitas vezes se verão as paixões de um século servir de base à moral dos séculos seguintes, e formar toda a política dos que presidem às leis. Mas, as paixões fortes, filhas do fanatismo e do entusiasmo, obrigam a pouco e pouco, à força de excessos, o legislador à prudência, e podem tornar-se um instrumento útil nas mãos da astúcia ou do poder, quando o tempo as tiver enfraquecido.

Foi do enfraquecimento das paixões fortes que nasceram entre os homens as noções obscuras de honra e virtude; e essa obscuridade subsistirá sempre, porque as ideias mudam com o tempo, que deixa sobreviver os nomes às coisas, que variam segundo os lugares e os climas; é que a moral está submetida, como os impérios, a limites geográficos.

26 DOS CRIMES DE LESA-MAJESTADE

Os crimes de lesa-majestade foram postos na classe dos grandes crimes, porque são funestos à sociedade. Mas, a tirania e a ignorância, que confundem as palavras e as ideias mais claras, deram esse nome a uma multidão de delitos de natureza inteiramente diversa. Aplicaram-se as penas mais graves a faltas leves; e, nessa ocasião como em mil outras, o homem é muitas vezes vítima de uma palavra.

Toda espécie de delito é nociva à sociedade; mas, nem todos os delitos tendem imediatamente a destruir. É preciso julgar as ações morais por seus efeitos positivos e ter em conta o tempo e o lugar. Só a arte das interpretações odiosas, que é ordinariamente a ciência dos escravos, pode confundir coisas que a verdade eterna separou por limites imutáveis.

27 DOS ATENTADOS CONTRA A SEGURANÇA DOS PARTICULARES E, PRINCIPALMENTE, DAS VIOLÊNCIAS

Depois dos crimes que atingem a sociedade, ou o soberano que a representa, vêm os atentados contra a segurança dos particulares.

Como essa segurança é o fim de todas as sociedades humanas, não se pode deixar de punir com as penas mais graves aquele que a atinge.

Entre esses crimes, uns são atentados contra a vida, outros contra a honra, e outros contra os bens. Falaremos antes dos primeiros, que devem ser punidos com penas corporais.

Os atentados contra a vida e a liberdade dos cidadãos estão no número dos grandes crimes. Compreendem-se, nessa classe, não somente os assassínios e os assaltos cometidos por homens do povo, mas, igualmente as violências da mesma natureza exercidas pelos grandes e pelos magistrados: crimes tanto mais graves quanto as ações dos homens elevados agem sobre a multidão com muito mais influência e os seus excessos destroem no espírito dos cidadãos as ideias de justiça e de dever, para substituir as do direito do mais forte: direito igualmente perigoso para quem dele abusa e para quem o sofre.

Se os grandes e os ricos podem escapar a preço de dinheiro às penas que merecem os atentados contra a segurança do fraco e do pobre, as riquezas, que, sob a proteção das leis, são a recompensa da indústria, tornar-se-ão alimento da tirania e das iniquidades.

Não mais existe liberdade todas as vezes que as leis permitem que em certas circunstâncias um cidadão deixe de ser um homem para tornar-se uma coisa que se possa pôr a prêmio. Vê-se, então, a astúcia dos homens poderosos ocupada completamente com o aumento de sua força e dos seus privilégios, aproveitando todas as combinações que a lei lhes torna favoráveis. Eis o mágico segredo que transformou a massa dos cidadãos em bestas de carga; foi assim que os grandes acorrentaram escravos. É por isso que certos governos, que têm todas as aparências de liberdade, gemem sob uma tirania oculta. É pelos privilégios dos grandes que os usos tirânicos se fortificam insensivelmente, depois de se terem introduzido na constituição, por vias que o legislador negligenciou fechar.

Os homens sabem opor diques bastante fortes à tirania declarada; mas, muitas vezes, não veem o inseto imperceptível que mina sua obra e que abre por fim, à torrente devastadora, uma estrada tanto mais segura quanto mais oculta.

Quais serão, pois, as penas reservadas aos crimes dos nobres, cujos privilégios ocupam tão grande lugar na legislação da maior parte dos povos? Não examinarei se essa distinção hereditária entre plebeus e nobres é útil ao governo, ou necessária às monarquias; nem se é verdade que a nobreza é um poder intermediário próprio para conter em justos limites o povo e o soberano; nem se essa ordem isolada da sociedade não tem o inconveniente de reunir num círculo estreito todas as vantagens da indústria, todas as esperanças e toda a felicidade: como essas ilhotas encantadoras e férteis que se encontram no meio dos desertos terríveis da Arábia.

Quando fosse verdade que a desigualdade é inevitável e mesmo útil na sociedade, é certo que só deveria existir entre os indivíduos e em virtude das dignidades e do mérito, mas não entre as ordens do Estado; que as distinções não devem permanecer. num só lugar, mas circular em todas as partes do corpo político; que as desigualdades sociais devem nascer e desaparecer a cada instante, mas não se perpetuar nas famílias.

Seja qual for a conclusão de todas essas questões, limitar-me-ei, a dizer que as penas das pessoas de mais alta linhagem devem ser as mesmas que as do último dos cidadãos. A igualdade civil é anterior a todas as distinções de honras, e de riquezas. Se todos os cidadãos não dependerem igualmente das mesmas leis, as distinções deixarão de ser legítimas.

Deve supor-se que os homens, renunciando à liberdade despótica que receberam da natureza, para se reunirem em sociedade, disseram entre si: "Aquele que for mais industrioso obterá as maiores honras, a glória do seu nome passará aos seus descendentes; mas, não obstante as honras e as riquezas, não receará menos do que o último dos cidadãos a violação, das leis que o elevaram acima dos outros".

É verdade que não há assembleia geral do gênero humano em que se tenha aprovado semelhante decreto; este se funda, porém, na natureza imutável dos sentimentos do homem.

A igualdade perante as leis não destrói as vantagens que os príncipes julgam retirar da nobreza: apenas impede os inconvenientes das distinções e torna as leis respeitáveis, tirando toda esperança de impunidade.

Dir-se-á, talvez, que a mesma pena, aplicada contra o nobre e contra o plebeu, torna-se completamente diversa e mais grave para o primeiro, por causa da educação que recebeu, e da infâmia que se espalha sobre uma família ilustre. Responderei no entanto, que o castigo se mede pelo dano causado à sociedade, e não pela sensibilidade do culpado. Ora, o exemplo do crime é tanto mais funesto quanto é dado por um cidadão de condição mais elevada.

Acrescentarei que a igualdade da pena só pode ser exterior, e não pode ser proporcionada ao grau de sensibilidade, que é diferente em cada indivíduo.

Quanto à infâmia que cobre uma família inocente, o soberano pode facilmente apagá-la com demonstrações públicas de benevolência. Sabe-se que tais demonstrações de favor têm foros de razão no povo crédulo e admirador.

28 DAS INJÚRIAS

As injúrias pessoais, contrárias à honra, isto é, a essa justa porção de estima que todo homem tem o direito de esperar dos seus concidadãos, devem ser punidas pela infâmia. Há uma contradição notória entre as leis, ocupadas sobretudo com a proteção da fortuna e da vida de cada cidadão, e as leis do que se chama a honra, que preferem a opinião a tudo.

A palavra honra é uma daquelas sobre as quais se fizeram os mais brilhantes raciocínios, sem ligar-se a nenhuma ideia fixa e precisa. Tal é a triste condição do espírito humano, que conhece melhor as revoluções dos corpos celestes do que as verdades que o tocam de perto e que importam em sua felicidade. As noções morais que mais o interessam lhe são incertas; só as entrevê cercadas de trevas e flutuando ao sabor do turbilhão das paixões.

Esse fenômeno deixará de causar espanto quando se considerar que, semelhantes aos objetos que se confundem aos nossos olhos, porque estão próximos demais, as ideias morais perdem a clareza por estarem demasiado ao nosso alcance.

Apesar de sua simplicidade, discernimos com dificuldade os diversos princípios de moral e julgamos, muitas vezes sem conhecê-los, os sentimentos do coração humano.

Quem observar com alguma atenção a natureza e os homens, não se admirará de todas essas coisas; pensará que, para ser feliz e tranquilo, o homem talvez não tenha necessidade de tantas leis, nem de tão grande aparato moral.

A ideia da honra é uma ideia complexa, formada não somente de várias ideias simples, mas também de várias ideias complexas por si mesmas. Segundo os diferentes aspectos sob os quais a ideia da honra se apresenta ao espírito, algumas vezes ela encerra e outras exclui certos elementos que a compõem, só conservando nessas diferentes situações um pequeno número de elementos comuns, como várias quantidades algébricas admitindo um divisor comum. Para achar esse divisor comum das diferentes ideias que os homens fazem da honra, lancemos um rápido olhar sobre a formação das sociedades.

As primeiras leis e os primeiros magistrados originaram-se da necessidade de impedir os abusos que teria ocasionado o despotismo natural de todo homem mais robusto do que o vizinho. Foi esse o objeto do estabelecimento das sociedades e essa a base real ou aparente de todas as leis, mesmo as que encerram princípios de destruição.

Mas, a aproximação dos homens e os progressos dos seus conhecimentos fizeram nascer em seguida uma infinidade de necessidades e ligações recíprocas entre os membros da sociedade. Nem todas essas necessidades tinham sido previstas pela lei, e os meios atuais de cada cidadão não lhe bastavam para satisfazê-las. Começou então a estabelecer-se o poder da opinião, por meio da qual podem obter-se certas vantagens que as leis não podiam proporcionar, e evitar males de que elas não podiam preservar.

É a opinião que constitui, muitas vezes, o suplício do sábio e do medíocre. É ela que concede às aparências da virtude o respeito que recusa à própria virtude. É a opinião que de um vil celerado faz um missionário ardente, quando esconde seu interesse nessa hipocrisia.

Sob o reinado da opinião, a estima dos outros homens não é somente útil, mas indispensável a quem permanecer ao nível dos seus concidadãos. O ambicioso procura os sufrágios da opinião que lhe serve os projetos; o homem vão mendiga-os, como um testemunho do próprio mérito; o homem de honra exige-os, porque não pode dispensá-los.

Essa honra, que muita gente prefere à própria existência, só foi conhecida depois que os homens se reuniram em sociedade; não pode ser posta no depósito comum. O sentimento que nos liga à honra não é outra coisa senão uma volta momentânea ao estado de natureza, um movimento que nos subtrai por um instante a leis cuja proteção é insuficiente em certas ocasiões.

Segue-se daí que, na extrema liberdade política, como na extrema dependência, as ideias de honra desaparecem ou se confundem com outras ideias.

Num estado de liberdade ilimitada, as leis protegem tão fortemente que não se tem necessidade de buscar os sufrágios da opinião pública.

No estado de escravidão absoluta, o despotismo, que anula a existência civil, só deixa a cada indivíduo uma personalidade precária e momentânea.

A honra só é, pois, um princípio fundamental nas monarquias temperadas, onde o despotismo do senhor é limitado pelas leis. A honra produz quase, numa monarquia, o efeito que produz a revolta nos Estados despóticos. O súdito entra por um momento no estado de natureza e o soberano tem a recordação da antiga igualdade.

29 DOS DUELOS

A honra, que não é senão a necessidade dos sufrágios públicos, deu nascimento aos combates singulares, que só puderam estabelecer-se na desordem das más leis.

Se os duelos não estiveram em uso na antiguidade, como algumas pessoas o creem, é que os antigos não se reuniam armados com um ar de desconfiança, nos templos, no teatro e entre os amigos. Talvez também, sendo o duelo um espetáculo muito comum que vis escravos davam ao povo, os homens livres tivessem receio de que os combates singulares não bastassem para que eles fossem considerados homens honrados.

Seja como for, é em vão que se experimentou entre os modernos impedir os duelos com pena de morte. Essas leis severas não puderam destruir um costume fundado numa espécie de honra, mais cara aos homens do que a própria vida. O cidadão que recusa um duelo vê-se presa do desprezo dos seus concidadãos; é forçado a levar uma vida solitária, a renunciar aos encantos da sociedade, ou a expor-se constantemente aos insultos e à vergonha, cujos repetidos golpes o afetam de maneira mais cruel do que a ideia do suplício.

Por que motivo serão os duelos menos frequentes entre os homens do povo do que entre os grandes? É somente porque o povo não traz espada, é porque tem menos necessidade de sufrágios públicos do que os homens de condição mais elevada, que se observam entre si com mais desconfiança e inveja.

Não é inútil repetir aqui o que já se disse certa vez: que o melhor meio de impedir o duelo é punir o agressor, isto é, aquele que deu lugar à querela, a declarar inocente aquele que, sem procurar tirar a espada, se viu constrangido a defender a própria honra, isto é, a opinião, que as leis não protegem suficientemente, e mostrar aos seus concidadãos que pode respeitar as leis, mas que não teme os homens.

30 DO ROUBO

Um roubo cometido sem violência só deveria ser punido com uma pena pecuniária. É justo que quem rouba o bem de outrem seja despojado do seu.

Mas, se o roubo é ordinariamente o crime da miséria e do desespero, se esse delito só é cometido por essa classe de homens infortunados, a quem o direito de propriedade (direito terrível e talvez desnecessário) só deixou a existência como único bem, as penas pecuniárias contribuirão simplesmente para multiplicar os roubos, aumentando o número dos indigentes, arrancando o pão a uma família inocente, para dá-lo a um rico talvez criminoso.

A pena mais natural do roubo será, pois, essa espécie de escravidão, que é a única que se pode chamar justa, isto é, a escravidão temporária, que torna a sociedade senhora absoluta da pessoa e do trabalho do culpado, para fazê-lo expiar, por essa dependência, o dano que causou e a violação do pacto social.

Se, porém, o roubo é acompanhado de violência, é justo ajuntar à servidão as penas corporais.

Outros escritores mostraram, antes de mim, os inconvenientes graves que resultam do uso de aplicar as mesmas penas contra os roubos cometidos com violência e contra aqueles em que o ladrão só empregou a astúcia. Fez-se ver quanto é absurdo pôr na mesma balança uma certa soma de dinheiro e a vida de um homem. O roubo com violência e o roubo de astúcia são delitos absolutamente diferentes; e a sã política deve admitir, ainda mais do que as matemáticas, o axioma certo de que entre dois objetos heterogêneos, há uma distância infinita.

Essas coisas foram ditas; mas, é sempre útil repetir verdades que jamais se puseram em prática. Os corpos políticos conservam por muito tempo o movimento recebido; é, porém, moroso e difícil imprimir-lhes um novo movimento.

31 DO CONTRABANDO

O contrabando é um verdadeiro delito, que ofende o soberano e a nação, mas cuja pena não deveria ser infamante, porque a opinião pública não empresta nenhuma infâmia a essa espécie de delito.

Porque, pois, o contrabando, que é um roubo feito ao príncipe, e por conseguinte à nação, não acarreta a infâmia sobre aquele que o exerce? É que os delitos que os homens não consideram nocivos aos seus interesses não afetam bastante para excitar a indignação pública. Tal é o contrabando. Os homens, sobre os quais as consequências remotas de um ato só produzem impressões fracas, não veem o dano que o contrabando pode causar-lhes. Chegam mesmo, às vezes, a retirar dele vantagens momentâneas. Não veem senão o mal causado ao príncipe, e, para recusarem estima ao culpado, só têm uma razão premente contra o ladrão, o falsário e alguns outros criminosos que podem prejudicá-los pessoalmente.

Essa maneira de sentir é consequência do princípio incontestável de que todo ser sensível só se interessa pelos males que conhece.

O contrabando é um delito gerado pelas próprias leis, porque, quanto mais se aumentam os direitos, tanto maior é a vantagem do contrabando; a tentação de exercê-lo é também tão forte quanto mais fácil é cometer essa espécie de delito, sobretudo se os objetos proibidos são de pequeno volume, e se são interditos numa tão grande circunferência de território que a extensão deste torne difícil guardá-lo.

O confisco das mercadorias proibidas, e mesmo de tudo o que se acha apreendido com objetos de contrabando, é uma pena justíssima. Para torná-lo mais eficaz, seria preciso que os direitos fossem pouco consideráveis; pois os homens só se arriscam na proporção do lucro que o êxito possa proporcionar-lhes.

Será, porém, o caso de deixar impune o culpado que não tem nada que perder? Não. Os impostos são parte tão essencial e tão difícil numa boa legislação, e estão de tal modo comprometidos em certas espécies de contrabando, que tal delito merece uma pena considerável, como a prisão e mesmo a servidão, mas uma prisão e uma servidão análogas à natureza do delito.

Por exemplo, a prisão de um contrabandista de fumo não deve ser a do assassino ou a do ladrão; e, sem dúvida, o castigo mais conveniente ao gênero do delito seria aplicar à utilidade do fisco a servidão e o trabalho daquele que pretendeu fraudar-lhe os direitos.

32 DAS FALÊNCIAS

O legislador que percebe o preço da boa-fé nos contratos, e que quer proteger a segurança do comércio, deve dar recurso aos credores sobre a pessoa mesma dos seus devedores, quando estes abrem falência. Importa, porém, não confundir o falido fraudulento com o que é de boa-fé. O primeiro deveria ser punido como o são os moedeiros falsos, porque não é maior o crime de falsificar o metal amoedado, que constitui a garantia dos homens entre si, do que falsificar essas obrigações mesmas.

Mas, o falido de boa-fé, o infeliz que pode provar evidentemente aos seus juízes que a infidelidade de outrem, as perdas dos seus correspondentes, ou enfim contratempos que a prudência humana não poderia evitar, o despojaram dos seus bens, deve ser tratado com menos rigor. Por que motivos bárbaros ousar-se-á mergulhá-lo nas masmorras, privá-lo do único bem que lhe resta na miséria, a liberdade, e confundi-lo com os criminosos e forçá-lo a arrepender-se de ter sido honesto? Vivia tranquilo, ao abrigo de sua probidade, e contava com a proteção das leis. Se as violou, é que não estava em seu poder conformar-se exatamente a essas leis severas, que o poder e a avidez insensível impuseram e que o pobre aceitou seduzido pela esperança que subsiste sempre no coração do homem e que o faz acreditar que todos os acontecimentos felizes serão para ele e todas as desgraças para os outros.

O medo de ser ofendido predomina geralmente na alma sobre a vontade de prejudicar; e os homens, entregando-se às suas primeiras impressões, amam as leis cruéis, se bem que seja do seu interesse viver sob leis brandas, pois eles próprios estão submetidos a elas.

Mas, voltemos ao falido de boa-fé: não o desobriguem de sua dívida senão depois que ele a tiver pago inteiramente; recusem-lhe o direito de subtrair-se aos credores sem o consentimento destes, e a liberdade de levar adiante sua indústria; forcem-no a empregar seu trabalho e seus talentos no pagamento do que deve, proporcionalmente aos seus lucros. Mas, sob nenhum pretexto legítimo, não se poderá fazê-lo sofrer uma prisão injusta e inútil aos credores.

Dir-se-á, talvez, que os horrores da prisão obrigarão o falido a revelar as trapaças que ocasionaram uma falência suspeita de fraude. É bem raro, porém, que essa espécie de tortura seja necessária, se se fizer um exame rigoroso da conduta e dos negócios do acusado.

Se a fraude do falido for muito duvidosa, será melhor optar por sua inocência. Há uma máxima geralmente certa em legislação, segundo a qual a impunidade de um culpado tem graves inconvenientes; mas, a impunidade é pouco perigosa quando o delito é difícil de constatar-se.

Alegar-se-á também a necessidade de proteger os interesses do comércio, assim como o direito de propriedade, que deve ser sagrado. Mas, o comércio e o direito de propriedade não são o fim do pacto social, são apenas meios que podem conduzir a esse fim.

Se se submeterem todos os membros da sociedade a leis cruéis, para preservá-los dos inconvenientes que são as consequências naturais do estado social, isso será faltar ao fim procurando atingi-lo; e esse é o erro funesto que perde o espírito humano em todas as ciências, mas sobretudo na política[17].

Poder-se-ia distinguir a fraude do delito grave, mas menos odioso, e fazer uma diferença entre o delito grave e a pequena falta, que seria preciso separar também da perfeita inocência.

No primeiro caso, aplicar-se-iam ao culpado as penas aplicáveis ao crime de falsário. O segundo delito seria punido com penas menores, com a perda da liberdade. Deixar-se-ia ao falido inteiramente inocente a escolha dos meios que desejasse empregar para estabelecer os seus negócios; e, no caso de um delito leve, dar-se-ia aos credores o direito de prescrever esses meios.

Mas, a distinção entre faltas graves e leves deve ser obra da lei, que é a única imparcial; seria perigoso abandoná-la à prudência arbitrária de um juiz. É tão necessário fixar limites na política quanto nas ciências matemáticas, porque o bem público se mede como os espaços e a extensão.

Seria fácil ao legislador previdente impedir a maior parte das falên-

---

(17) – "Nas primeiras edições desta obra, eu mesmo cometi esse erro. Ousei dizer que o falido de boa-fé devia ser guardado como penhor de sua dívida, reduzido ao estado de escravidão e obrigado a trabalhar por conta dos credores. Envergonho-me de ter escrito essas coisas cruéis. Acusaram-me de impiedade e de sedição, sem que eu fosse sedicioso nem ímpio. Ataquei os direitos da humanidade, e ninguém se levantou contra mim..."

cias fraudulentas e remediar a desgraça do homem laborioso, que falta aos seus compromissos sem ser culpado. Possam todos os cidadãos consultar a cada instante os registros públicos, nos quais se terá uma nota exata de todos os contratos; e que contribuições sabiamente repartidas entre os comerciantes felizes formem um banco, do qual se tirem somas convenientes para socorrer a indústria infeliz. Tais estabelecimentos só poderão ter vantagens numerosas, sem inconvenientes reais.

Mas essas leis fáceis, a um tempo tão simples e tão sublimes; essas leis que esperam apenas o sinal do legislador para espalhar sobre as nações a abundância e a força; essas leis que seriam motivo de reconhecimento eterno de todas as gerações, são desconhecidas ou rejeitadas. Um espírito de hesitação, ideias estreitas, a tímida prudência do momento, uma rotina obstinada, que teme as inovações mais úteis: tais são os móveis ordinários dos legisladores que regulam o destino da fraca humanidade.

33 DOS DELITOS QUE PERTURBAM A TRANQUILIDADE PÚBLICA

A terceira espécie de delitos que distinguimos compreende os que perturbam particularmente o repouso e a tranquilidade pública: as querelas e o tumulto de pessoas que se batem na via pública, destinada ao comércio e à passagem dos cidadãos, e os discursos fanáticos que excitam facilmente as paixões de uma populaça curiosa e que emprestam grande força da multidão dos auditores e sobretudo um certo entusiasmo obscuro e misterioso, com poder bem maior sobre o espírito do povo do que a tranquila razão, cuja linguagem a multidão não entende.

Iluminar as cidades durante a noite à custa do público; colocar guardas de segurança nos diversos bairros das cidades; reservar ao silêncio e à tranquilidade sagrada dos templos, protegidos pelo governo, os discursos de moral religiosa, e as arengas destinadas a sustentar os interesses particulares e públicos às assembleias da nação, aos parlamentos aos lugares, enfim, onde reside a majestade soberana: tais são as medidas próprias para prevenir a perigosa fermentação das paixões populares; e são esses os principais objetos que devem ocupar a vigilância do magistrado de polícia.

Mas, se esse magistrado não age segundo leis conhecidas e familiares a todos os cidadãos; se pode, ao contrário, fazer ao seu capricho leis que julga serem necessárias, abre assim a porta à tirania, que ronda sem cessar em torno das barreiras que a liberdade pública lhe fixou e que só procura transpô-las.

Creio não haver exceção à regra geral de que os cidadãos devem saber o que precisam fazer para serem culpados, e o que precisam evitar para serem inocentes.

Um governo que tem necessidade de censores, ou de qualquer outra espécie de magistrados arbitrários, prova que é mal organizado e que sua constituição não tem força. Num país em que o destino dos cidadãos está entregue à incerteza, a tirania oculta imola mais vítimas do que o tirano mais cruel que age abertamente. Este último revolta, mas não avilta.

O verdadeiro tirano começa sempre reinando sobre a opinião; quando é senhor dela, apressa-se a comprimir as almas corajosas, das quais tem tudo que temer, porque só se apresentam com o archote da verdade, quer no fogo das paixões, quer na ignorância dos perigos.

34 DA OCIOSIDADE

Os governos sábios não sofrem, no seio do trabalho e da indústria, uma espécie de ociosidade que é contrária ao fim político do estado social: quero falar de certas pessoas ociosas e inúteis que não dão à sociedade nem trabalho nem riquezas, que acumulam sempre sem jamais perder, que o vulgo respeita com uma admiração estúpida e que são aos olhos do sábio um objeto de desprezo. Quero falar de certas pessoas que não conhecem necessidade de administrar ou aumentar as comodidades da vida, único motivo capaz de excitar a atividade humana, e que indiferentes à prosperidade do Estado, só se inflamam com paixão por opiniões que lhes agradam, mas que podem ser perigosas.

Austeros declamadores confundiram essa espécie de ociosidade com a que é fruto das riquezas adquiridas pela indústria. Cabe exclusivamente às leis, e não à virtude rígida (mas fechada em ideias estreitas) de alguns censores, definir a espécie de ociosidade punível.

Não se pode encarar como ociosidade funesta em política aquela que, gozando do fruto dos vícios ou das virtudes de alguns antepassados, dá contudo pão e existência à pobreza industriosa, da troca dos prazeres atuais que recebe desta e que põe o pobre na contingência de travar a guerra pacífica que a indústria sustenta contra a opulência e que sucedeu aos combates sangrentos e incertos da força contra a força.

Essa espécie de ociosidade pode mesmo tornar-se vantajosa, à medida que a sociedade aumenta e que o governo deixa aos cidadãos mais liberdade.

35 DO SUICÍDIO

O suicídio é um delito que parece não poder ser submetido a nenhuma pena propriamente dita; pois essa pena só poderia recair sobre um corpo insensível e sem vida, ou sobre inocentes. Ora, o castigo que se aplicasse contra os restos inanimados do culpado não poderia produzir outra impressão sobre os espectadores senão a que estes experimentariam ao verem fustigar uma estátua.

Se a pena é aplicada à família inocente, ela é odiosa e tirânica, porque já não há liberdade quando as penas não são puramente pessoais.

Os homens amam demasiado a vida; estão ligados a ela por todos os objetos que os cercam; a imagem sedutora do prazer e a doce esperança, amável feiticeira que mistura algumas gotas de felicidade ao licor envenenado dos males que ingerimos a grandes tragos, encantam muito fortemente os corações dos mortais, para que se possa temer que a impunidade contribua para tornar o suicídio mais comum.

Se se obedece às leis pelo temor de um suplício doloroso, aquele que se mata nada tem que temer, pois a morte destrói toda sensibilidade. Não é, pois, esse motivo que poderá deter a mão desesperada do suicida.

Mas, aquele que se mata faz menos mal à sociedade do que aquele que renuncia para sempre à sua pátria. O primeiro deixa tudo ao seu país, ao passo que o outro lhe rouba sua pessoa e uma parte dos seus bens.

Direi mais. Como a força de uma nação consiste no número dos cidadãos, aquele que abandona o seu país para entregar-se a outro causa à sociedade o dobro do prejuízo que lhe pode causar o suicida.

A questão reduz-se, pois, a saber se é útil ou perigoso à sociedade deixar a cada um dos membros que a compõem uma liberdade perpétua de afastar-se dela.

Toda lei que não é forte por si mesma, toda lei cuja execução pode ser impedida em certas circunstâncias, jamais deveria ser promulgada. A opinião, que governa os espíritos, obedece às impressões lentas e indiretas que o legislador sabe dar-lhe; resiste, porém, aos seus esforços, quando são violentos e diretos; e as leis inúteis, que logo são desprezadas, comunicam seu aviltamento às leis mais salutares, que costumam ser vistas antes como obstáculos a vencer do que como a salvaguarda da tranquilidade pública.

Ora, como a energia dos nossos sentimentos é limitada, se se quiser obrigar os homens a respeitar objetos estranhos ao bem da sociedade, eles terão menos veneração pelas leis verdadeiramente úteis.

Não me deterei no desenvolvimento das consequências vantajosas que um sábio dispensador da felicidade pública poderá tirar desse princípio; procurarei apenas provar que não é necessário fazer do Estado uma prisão.

Uma lei que tentasse tirar aos cidadãos a liberdade de abandonar seu país, seria uma lei inútil; porque, a menos que rochedos inacessíveis ou mares impraticáveis separem esse país de todos os outros, como guardar todos os pontos de sua circunferência? Como guardar os próprios guardas?

O imigrante que leva tudo o que possui não deixa nada sobre que as leis possam fazer cair a pena com que o ameaçam. Seu delito já não pode ser punido, desde que foi cometido; e infligir-lhe um castigo antes que ele seja consumado, é punir a intenção e não o fato, é exercer um poder tirano sobre o pensamento, sempre livre e sempre independente das leis humanas.

Tentar-se-á punir o fugitivo com o confisco dos bens que ele deixa? Mas a conclusão, que não se pode impedir por pouco que se respeitem os contratos dos cidadãos entre si, tornaria esse meio ilusório. Além disso, semelhante lei destruiria todo comércio entre as nações; e, se se punisse o emigrado, no caso dele regressar aos país, isso significaria impedi-lo de reparar o prejuízo que causou à sociedade e banir para sempre aquele que uma vez se tivesse afastado da pátria.

Enfim, a proibição de sair de um país só faz aumentar, em quem o habita, o desejo de abandoná-lo, ao passo que desvia os estrangeiros de nele se estabelecerem. Que se deve, pois, pensar de um governo que não tem outro meio senão o temor, para reter os homens em sua pátria, à qual eles estão naturalmente ligados pelas primeiras impressões da infância?

A maneira mais certa de fixar os homens em sua pátria é aumentar o bem-estar respectivo de cada cidadão. Do mesmo modo que todo governo deve empregar os maiores esforços para fazer pender a seu favor a balança do comércio, assim também o maior interesse do soberano e da nação é que a soma de felicidade seja aí maior do que entre os povos vizinhos.

Os prazeres do luxo não são os principais elementos dessa felicidade: embora impedindo as riquezas de se reunirem numa só mão, eles se tornam um remédio necessário à desigualdade, que toma mais força à medida que a sociedade faz mais progressos[18].

Mas, os prazeres do luxo são a base da felicidade pública, num país em que a segurança dos bens e a liberdade das pessoas dependem exclusivamente das leis, porque então esses prazeres favorecem a população; ao passo que se tornam um instrumento de tirania para um povo cujos direitos não são garantidos. Assim como os animais mais generosos e os livres habitantes dos ares preferem as solidões inacessíveis e as florestas longínquas, onde sua liberdade não corre risco, aos campos alegres e férteis, que o homem, seu inimigo, semeou de armadilhas, assim também os homens evitam o próprio prazer, quando este lhes é oferecido pela mão dos tiranos[19].

---

(18) – "O comércio ou a troca dos prazeres do luxo não deixa de ter inconvenientes. Esses prazeres são preparados por muitos agentes, mas partem de um pequeno número de mãos e se distribuem a um pequeno número de homens. A maioria só raramente pode prová-los numa pequena proporção. Eis porque o homem se lamenta quase sempre de sua miséria. Mas, esse sentimento é apenas o efeito da comparação e nada tem de real".

(19) – "Quando a extensão de um país aumenta em proporção maior do que a população, o luxo favorece o despotismo, porque a indústria particular diminui à medida que os homens estão mais dispersos, e, quanto menos indústria houver, mais os pobres dependerão dos ricos, cujo fausto os faz subsistir. Torna-se, então, tão difícil para os oprimidos reunirem-se contra os opressores, que as insurreições deixam de ser temidas. Os homens poderosos obtêm com muito mais facilidade a submissão, a obediência, a veneração e essa espécie de culto que torna mais sensível a distância que o despotismo estabelece entre o homem poderoso e o infeliz. – Os homens são mais independentes quando são menos observados, e são menos observados quando são em maior número. – Por outro lado, quando a população aumenta em maior proporção do que a extensão do país, o luxo torna-se, ao contrário, uma barreira contra o despotismo. – Anima a indústria com a atividade dos cidadãos. O rico encontra em torno de si bastantes prazeres para entregar-se completamente ao luxo de ostentação, o único capaz de firmar no espírito do povo a ideia de sua dependência. E pode observar-se que nos Estados vastos, mas fracos e despovoados, o luxo de ostentação deve prevalecer, se outras causas não o impedem; ao passo que o luxo de comodidade tenderá a diminuir cada vez mais a ostentação nos países mais populosos do que extensos".

Está, pois, demonstrado que a lei que prende os cidadãos ao seu país é inútil e injusta; e o mesmo juízo deve ser feito sobre a que pune o suicídio.

Trata-se de um crime que Deus pune após a morte do culpado, e somente Deus pode punir depois da morte.

Não é, porém, um crime perante os homens, porque o castigo recai sobre a família inocente e não sobre o culpado.

Se me objetarem que o medo desse castigo pode, contudo, deter a mão do infeliz determinado a morrer, responderei que quem renuncia tranquilamente à doçura de viver e odeia bastante a existência terrena para preferir-lhe uma eternidade talvez infeliz, não se comoverá decerto com a consideração remota e menos forte da vergonha que o crime atrairá sobre sua família.

36 DE CERTOS DELITOS DIFÍCEIS DE CONSTATAR

Cometem-se na sociedade certos delitos que são bastante frequentes, mas que é difícil provar. Tais são o adultério, a pederastia, o infanticídio.

O adultério é um crime que, considerado sob o ponto de vista político, só é tão frequente porque as leis não são fixas e porque os dois sexos são naturalmente atraídos um pelo outro[20].

Se eu falasse a povos ainda privados das luzes da religião, diria que há uma grande diferença entre esse delito e todos os outros. O adultério é produzido pelo abuso de uma necessidade constante,

---

[20] – "Essa atração se parece em muitas coisas com a gravitação universal. A força dessas duas causas diminui com a distância. Se a gravitação modifica os movimentos dos corpos, a atração natural de um sexo para outro afeta todos os movimentos da alma, enquanto durar sua atividade. Essas causas diferem pelo fato de que a gravitação se põe em equilíbrio com os obstáculos que encontra, ao passo que a paixão do amor adquire com os obstáculos mais força e vigor".

comum a todos os mortais, anterior à sociedade; ao passo que os outros delitos, que tendem mais ou menos à destruição do pacto social, são antes o efeito das paixões do momento do que das necessidades da natureza.

Os que leram a história e estudaram os homens podem reconhecer que o número dos delitos produzidos pela tendência de um sexo para outro é, no mesmo clima, sempre igual a uma quantidade constante. Se assim é, toda lei, todo costume cujo fim fosse diminuir a soma total dos efeitos dessa paixão, seria inútil e até funesta, porque o efeito dessa lei seria sobrecarregar uma porção da sociedade com suas próprias necessidades e com as dos outros. O partido mais sábio seria, pois, seguir até certo ponto o declive do rio das paixões e dividir-lhe o curso num número de regatos suficientes para impedir em toda parte dois excessos contrários, a seca e as enchentes.

A fidelidade conjugal é sempre mais segura à proporção que os casamentos são mais numerosos e mais livres. Se os preconceitos hereditários os conciliam, se o poder paterno os forma e os impede ao seu capricho, a galanteria quebra-lhes secretamente os laços, mau grado as declamações dos moralistas vulgares, sempre ocupados em gritar contra os efeitos, omitindo as causas.

Mas, essas reflexões são inúteis para aqueles que os motivos sublimes da religião mantêm nos limites do dever, que o pendor da natureza os leva a transpor.

O adultério é um delito de um instante; envolve-se de mistério; cobre-se de um véu que as próprias leis se empenham em conservar, véu necessário, mas de tal modo transparente que só faz aumentar os encantos do objeto que oculta. As ocasiões são tão fáceis, as consequências tão duvidosas, que é bem mais fácil ao legislador preveni-lo quando não foi cometido do que reprimi-lo quando já se estabeleceu.

Regra geral: em todo delito que, por sua natureza, deve quase sempre ficar impune, a pena é um aguilhão a mais. Nossa imaginação é mais vivamente excitada e se empenha com mais ardor em perseguir o objeto dos seus desejos, quando as dificuldades que se apresentam não são insuperáveis e quando não têm um aspecto bastante desencorajador, relativamente ao grau de atividade que se tem no espírito. Os obstáculos se tornam, por assim dizer, tantas barreiras que impedem nossa imaginação caprichosa de afastar-se delas, e que continuamente a forçam a pensar nas consequências da ação que medita. Então a alma se apega bem mais fortemente aos lados agradáveis que a seduzem do que às consequências perigosas cuja ideia se esforça por afastar.

A pederastia, que as leis punem com tanta severidade e contra a qual se empregam tão facilmente essas torturas atrozes que triunfam da própria inocência, é menos o efeito das necessidades do homem isolado e livre do que o desvio das paixões do homem escravo que vive em sociedade. Se às vezes ela é produzida pela sociedade dos prazeres, é bem frequentemente o efeito dessa educação que, para tornar os homens úteis aos outros, começa por torná-los inúteis a si mesmos, nessas casas em que uma juventude numerosa, viva, ardente, mas separada por obstáculos intransponíveis do sexo, do qual a natureza lhe pinta fortemente todos os encantos, prepara para si uma velhice antecipada, consumindo de antemão, inutilmente para a humanidade, um vigor apenas desenvolvido.

O infanticídio é ainda o resultado quase inevitável da cruel alternativa em que se acha uma infeliz, que só cedeu por fraqueza, ou que sucumbiu sob os esforços da violência. De um lado a infâmia, de outro a morte de um ser incapaz de sentir a perda da vida: como não havia de preferir esse último partido, que a rouba à vergonha, à miséria, juntamente com o desgraçado filhinho!

O melhor meio de prevenir essa espécie de delito seria proteger com leis eficazes a fraqueza e a infelicidade contra essa espécie de tirania, que só se levanta contra os vícios que não se podem cobrir com o manto da virtude.

Não pretendo enfraquecer o justo horror que devem inspirar os crimes de que acabamos de falar. Eu quis indicar suas fontes e penso que me será permitido tirar daí a consequência geral de que não se pode chamar precisamente justa ou necessária (o que é a mesma coisa) a punição de um delito que as leis não procuraram prevenir com os melhores meios possíveis e segundo as circunstâncias em que se encontra uma nação.

37 DE UMA ESPÉCIE PARTICULAR DE DELITO

Os que lerem esta obra se aperceberão sem dúvida de que não falei de uma espécie de delito cuja punição inundou a Europa de sangue humano.

Não descrevi esses espetáculos espantosos em que o fanatismo elevava constantemente fogueiras, em que homens vivos serviam de alimento às chamas, em a que multidão feroz se comprazia em ouvir os gemidos abafados dos infelizes, em que cidadãos corriam, como a um espetáculo agradável, a contemplar a morte dos seus irmãos, no meio dos turbilhões de negra fumaça, em que os lugares públicos ficavam cobertos de destroços palpitantes e de cinzas humanas.

Os homens esclarecidos verão que o país onde habito, o século em que vivo e a matéria de que trato não me permitiram examinar a natureza desse delito. Seria, aliás, empresa demasiado longa e que me desviaria muito do meu assunto, querer provar, contra o exemplo de várias nações, a necessidade de uma inteira conformidade de opinião num Estado político; procurar demonstrar como certas crenças religiosas, entre as quais só podem achar-se diferenças sutis, obscuras e muito acima da capacidade humana, podem contudo perturbar a tranquilidade pública, a menos que somente uma seja autorizada e todas as outras proscritas.

Seria preciso fazer ver ainda como algumas dessas crenças, tornando-se mais claras pelas fermentações dos espíritos, podem fazer nascer do choque das opiniões a verdade, que então sobrenada depois de ter aniquilado o erro, ao passo que outras seitas, pouco firmes em suas bases; têm necessidade, para manter-se, de se apoiarem na força.

Seria demasiado longo, igualmente, mostrar que, para reunir todos os cidadãos de um Estado numa perfeita conformidade de opiniões religiosas, é preciso tiranizar os espíritos e constrangê-los a vergar sob o jugo da força, embora essa violência se oponha à razão e à autoridade que mais respeitamos[21], que nos recomenda a doçura e o amor dos nossos irmãos, embora seja evidente que a força só faz hipócritas e, portanto, almas vis.

Deve-se crer que todas essas coisas estarão demonstradas e conformes aos interesses da humanidade, se houver em alguma parte uma autoridade legítima e reconhecida que as ponha em prática.

Quanto a mim, só falo aqui dos crimes que pertencem ao homem natural e que violam o contrato social; devo silenciar, porém, sobre os pecados cuja punição mesmo temporal deve ser determinada segundo outras regras que não as da filosofia.

38 DE ALGUMAS FONTES GERAIS DE ERROS E DE INJUSTIÇAS NA LEGISLAÇÃO

E, em primeiro lugar, das falsas ideias de utilidade

As falsas ideias que os legisladores fizeram da utilidade são uma das fontes mais fecundas de erros e injustiças.

---

[21] – O Evangelho.

É ter falsas ideias de utilidade ocupar-se mais com inconvenientes particulares do que com inconvenientes gerais; querer comprimir os sentimentos naturais em lugar de procurar excitá-los; impor silêncio à razão e dizer ao pensamento: "Sê escravo".

É ter ainda falsas ideias de utilidade sacrificar mil vantagens reais ao temor de uma desvantagem imaginária ou pouco importante.

Não teria certamente ideias justas quem desejasse tirar aos homens o fogo e a água, porque esses dois elementos causam incêndios e inundações, e quem só soubesse impedir o mal pela destruição.

Podem considerar-se igualmente como contrárias ao fim de utilidade as leis que proíbem o porte de armas, pois só desarmam o cidadão pacífico, ao passo que deixam o ferro nas mãos do celerado, bastante acostumado a violar as convenções mais sagradas para respeitar as que são apenas arbitrárias.

Além disso, essas convenções são pouco importantes; há pouco perigo em infringi-las e, por outro lado, se as leis que desarmam fossem executadas com rigor, destruiriam a liberdade pessoal, tão preciosa ao homem tão respeitável aos olhos do legislador esclarecido; submeteriam a inocência a todas as investigações, a todos os vexames arbitrários que só devem ser reservados aos criminosos.

Tais leis só servem para multiplicar os assassínios, entregam o cidadão sem defesa aos golpes do celerado, que fere com mais audácia um homem desarmado; favorecem o bandido que ataca, em detrimento do homem honesto que é atacado.

Essas leis são simplesmente o ruído das impressões tumultuosas que produzem certos fatos particulares; não podem ser o resultado de combinações sábias que pesam numa mesma balança os males e os bens; não é para prevenir os delitos, mas pelo vil sentimento do medo, que se fazem tais leis.

É por uma falsa ideia de utilidade que se procura submeter uma multidão de seres sensíveis à regularidade simétrica que pode receber uma matéria bruta e inanimada; que se negligenciam os motivos presentes, únicos capazes de impressionar o espírito humano de maneira forte e durável, para empregar motivos remotos, cuja impressão é fraca e passageira, a menos que uma grande força de imaginação, que só se se encontra num pequeno número de homens, supra o afastamento do objeto, mantendo-o sob relações que o aumentam e o aproximam.

Enfim, também podem chamar-se falsas ideias de utilidade as que separam o bem geral dos interesses particulares, sacrificando as coisas às palavras.

Há, entre o estado de sociedade e o estado de natureza, a diferença de que o homem selvagem só faz mal a outrem quando nisso descobre alguma vantagem para si, ao passo que o homem social é às vezes levado, por leis viciosas, a prejudicar sem nenhum proveito.

O déspota espalha o medo e o abatimento na alma dos seus escravos, mas esse medo e esse abatimento voltam-se contra ele próprio, logo lhe enchem o coração e o tornam presa de males maiores do que os que ele causa.

Aquele que se compraz em inspirar o terror corre poucos riscos, se teme apenas a própria família e as pessoas que o cercam. Mas, quando o terror é geral, quando fere uma grande multidão de homens, o tirano deve tremer. Receie a temeridade, o desespero; receie sobretudo o homem audacioso, mas prudente, que souber com habilidade sublevar contra ele os descontentes, tanto mais fáceis de serem seduzidos quando se despertarem em suas almas as mais caras esperanças e quando se tiver o cuidado de mostrar-lhes os perigos da empresa repartidos entre um grande número de cúmplices. Juntai a isso que os infelizes dão menos valor à sua existência na proporção dos males que os afligem.

Eis, sem dúvida, porque as ofensas são quase sempre seguidas de ofensas novas. A tirania e o ódio são sentimentos duráveis, que se sustentam e tomam novas forças à medida que se exercem; ao passo que, em nossos corações corruptos, o amor e os sentimentos ternos se enfraquecem e se extinguem na ociosidade.

39 DO ESPÍRITO DE FAMÍLIA

O espírito da família é outra fonte geral de injustiças na legislação.

Se as disposições cruéis e os outros vícios das leis penais foram aprovados pelos legisladores mais esclarecidos, nas repúblicas mais livres, é que se considerou o Estado antes como uma sociedade de famílias do que como a associação de um certo número de homens.

Suponha-se uma nação composta de cem mil homens, distribuídos em vinte mil famílias de cinco pessoas cada uma, inclusive o chefe que a representa; se a associação é feita por famílias, haveria vinte mil cidadãos e oitenta mil escravos; se é feita por indivíduos, haveria cem mil cidadãos livres.

No primeiro caso, seria uma república composta de vinte mil pequenas monarquias; no segundo, tudo respirará o espírito de liberdade, que animará os cidadãos, não somente nas praças públicas e nas assembleias nacionais, mas ainda sob o teto doméstico, onde residem os principais elementos de felicidade e de miséria.

Se a associação é feita por famílias, as leis e os costumes, que são sempre o resultado dos sentimentos habituais dos membros da sociedade política, serão obra dos chefes dessas famílias; ver-se-á em breve o espírito monárquico introduzir-se aos poucos na própria república, e os seus efeitos só encontrarão obstáculos na oposição dos interesses particulares, porque os sentimentos naturais de liberdade e de igualdade já terão deixado de viver nos corações.

O espírito de família é um espírito de minúcia limitado pelos mais insignificantes pormenores; ao passo que o espírito público, ligado aos princípios gerais, vê os fatos com visão segura, coordena-os nos lugares respectivos e sabe tirar deles consequências úteis ao bem da maioria.

Nas sociedades compostas de famílias, as crianças ficam sob a autoridade do chefe e são obrigadas a esperar que a morte lhes dê uma existência que só depende das leis. Habituadas a obedecer e a tremer, na idade da força, quando as paixões não são ainda refreadas pela moderação, espécie de temor prudente que é o fruto da experiência e da idade, como resistirão elas aos obstáculos que o vício opõe constantemente aos esforços da virtude, quando a velhice decrépita e medrosa tirar-lhes a coragem de tentar reformas ousadas, que aliás as seduzem pouco, porque não têm a esperança de recolher-lhes os frutos?

Nas repúblicas, em que todo homem é cidadão, a subordinação nas famílias não é efeito da força, mas de um contrato; e os filhos, uma vez saídos da idade em que a fraqueza e a necessidade de educação os mantêm sob a dependência natural dos pais, tornam-se desde então membros livres da sociedade: se ainda se submetem ao chefe da família, é apenas para participar das vantagens que esta lhes oferece, do mesmo modo que os cidadãos se sujeitam, sem perder a liberdade, ao chefe da grande sociedade política.

Nas repúblicas compostas de famílias, os jovens, isto é, a parte mais considerável e mais útil da nação, ficam à discrição dos pais. Nas repúblicas de homens livres, os únicos laços que submetem os filhos ao pai são os sentimentos sagrados e invioláveis da natureza, que convidam os homens a ajudar-se mutuamente em suas necessidades recíprocas e que lhes inspiram o reconhecimento pelos benefícios recebidos.

Esses santos deveres são muito mais alterados pelo vício das leis, que prescrevem uma submissão cega e obrigatória, do que pela maldade do coração humano.

Essa oposição entre as leis fundamentais dos Estados políticos e as leis de família, é fonte de muitas outras contradições entre a moral pública e a moral particular, que se combatem continuamente no espírito de cada homem.

A moral particular só inspira a submissão e o medo, ao passo que a moral pública anima a coragem e o espírito da liberdade.

Guiado pela primeira, o homem limita seu bem-estar ao círculo estreito de um pequeno número de pessoas que ele nem mesmo escolheu. Inspirado pela outra, procura estender a felicidade sobre todas as classes da humanidade.

A moral particular exige que cada qual se sacrifique continuamente a um falso ídolo que se chama o bem da família e que muitas vezes não é o bem real de nenhum dos indivíduos que a compõem. A moral pública ensina a procurar o bem-estar sem ferir as leis; e, se às vezes excita um cidadão a imolar-se pela pátria, recompensa-o pelo entusiasmo que lhe inspira antes do sacrifício e pela glória que lhe promete.

Tantas contradições fazem que os homens desdenhem de praticar a virtude, que não podem reconhecer no meio das trevas de que a cercaram e que lhes parece distante, porque está envolta nessa obscuridade que oculta aos nossos olhos os objetos morais como os objetos físicos.

Quantas vezes o cidadão que reflete sobre suas ações passadas não se terá admirado de achar-se um mau homem?

À medida que a sociedade cresce, cada um dos seus membros torna-se uma parte menor do todo, e o amor do bem público se enfraquece na mesma proporção, se as leis deixam de fortificá-lo. As sociedades políticas têm, como o corpo humano, um crescimento limitado; não poderiam estender-se além de certos limites, sem que sua economia fosse perturbada.

Parece que a grandeza de um Estado deve estar na razão inversa do grau de atividade dos indivíduos que a compõem. Se essa atividade crescesse ao mesmo tempo que a população, as boas leis achariam um obstáculo, para prevenir os delitos, no próprio bem que tivessem podido fazer.

Uma república muito vasta só pode escapar ao despotismo subdividindo-se num certo número de pequenos Estados confederados. Mas, para formar essa união, seria preciso um ditador poderoso, que tivesse a coragem de Sila[22], com tanto gênio para fundar quanto Sila o teve para destruir.

Se tal homem for ambicioso, poderá esperar uma glória imortal. Se for filósofo, as bênçãos dos seus concidadãos o consolarão da perda de sua autoridade, mesmo sem pedir-lhes reconhecimento.

Quando os sentimentos que nos unem à nação principiam a enfraquecer-se, os que nos ligam aos objetos que nos cercam adquirem novas forças. Assim, sob o despotismo feroz, os laços da amizade são mais duráveis; e as virtudes de família (virtudes sempre fracas) se tornam, então, as mais comuns, ou antes, são as únicas que ainda se praticam.

Após todas essas observações, pode julgar-se quanto foram curtas e limitadas as opiniões da maioria dos nossos legisladores.

40 DO ESPÍRITO DO FISCO

Houve um tempo em que todas as penas eram pecuniárias. Os crimes dos súditos eram para o príncipe uma espécie de patrimônio.

---

[22] – Ditador romano, nascido em 136 a. C. Companheiro e mais tarde rival de Mário, cônsul em 88, vencedor de Mitridates, chefe do partido aristocrático e depois senhor de Roma e da Itália. Proscreveu os adversários, reformou a constituição romana em sentido favorável ao Senado e conseguiu enorme influência. Abdicou inesperadamente em pleno fastígio e morreu no ano seguinte (80 a. C.).

Os atentados contra a segurança pública eram objeto de lucro, sobre o qual se sabia especular. O soberano e os magistrados achavam seu interesse nos delitos que deveriam prevenir. Os julgamentos não eram, então, nada menos do que um processo entre o fisco que percebia o preço do crime, e o culpado que devia pagá-lo. Fazia-se disso um negócio civil, contencioso, como se se tratasse de uma querela particular, e não do bem público. Parecia que o fisco tinha outros direitos que exercer além da proteção da tranquilidade pública, e o culpado outras penas que sofrer além das que a necessidade do exemplo o exigia. O juiz, estabelecido para apurar a verdade com ânimo imparcial, não era mais do que o advogado do fisco; e aquele que se chamava o protetor e o ministro das leis era apenas o exator dos dinheiros do príncipe.

Nesse sistema, quem se confessasse culpado se reconhecia, pela própria confissão, devedor do fisco; e, como era esse o fim de todos os processos criminais, toda a arte do juiz consistia em obter essa confissão da maneira mais favorável aos interesses do fisco.

É ainda para esse mesmo fim fiscal que tende hoje toda a jurisprudência criminal, pois os efeitos permanecem por muito tempo depois de cessadas as causas.

O acusado que recusa confessar-se culpado, embora convencido por provas certas, sofrerá uma pena mais leve do que se tivesse confessado; não lhe será aplicada a tortura pelos outros crimes que poderia ter cometido, precisamente porque não confessou o crime principal de que está convencido. Mas, se o crime é confessado, o juiz apodera-se do corpo do culpado; dilacera-o metodicamente; e faz dele, por assim dizer, um fundo do qual tira todo o proveito possível.

Uma vez reconhecida a existência do delito, a confissão do acusado se torna prova convincente. Acredita-se tornar essa prova menos suspeita, arrancando a confissão do crime pelos tormentos e pelo desespero; e se estabeleceu que a confissão não basta para condenar o culpado, se esse culpado é calmo, se fala desembaraçadamente, se não está cercado das formalidades judiciárias e do aparato aterrador dos suplícios.

Excluem-se cuidadosamente da instrução de um processo as investigações e as provas que, esclarecendo o fato de maneira a favorecer o acusado, poderiam prejudicar as pretensões do fisco; e, se às vezes se poupam alguns tormentos ao culpado, não é nem por piedade para com a desgraça, nem por indulgência para com a fraqueza, mas porque as confissões obtidas são suficientes para os direitos do fisco, esse ídolo que já não passa de uma quimera e que a mudança das circunstâncias nos torna inconcebível.

O juiz, quando exerce suas funções, não é mais do que o inimigo do culpado, isto é, de um infeliz curvado ao peso das cadeias, minado pelo sofrimento, que os tormentos esperam e que o futuro mais terrível cerca de horror e de assombro. Não é a verdade o que ele procura; quer descobrir no acusado um culpado; prepara-lhe armadilhas, parece que tem tudo que perder e que teme, se não puder convencer o acusado, diminuir a infalibilidade que o homem se arroga em todas as coisas.

O juiz tem o poder de determinar por que indícios se pode encarcerar um cidadão. E declarar que esse cidadão é culpado, antes de poder provar que é inocente. Não se parecerá tal informação com um procedimento ofensivo? E eis, todavia, a marcha da jurisprudência criminal, em quase toda a Europa, no século XVIII, em plena luz. Mal se conhece nos tribunais o verdadeiro processo das informações, isto é, a investigação imparcial do fato, prescrita pela razão, seguida nas leis militares, empregada mesmo por esses déspotas da Ásia, nos assuntos que só interessam os particulares.

Nossos descendentes, sem dúvida mais felizes do que nós, terão dificuldade em conceber essa complicação tortuosa dos mais estranhos absurdos, e esse sistema de iniquidades incríveis, que só o filósofo poderá julgar possível, estudando a natureza do coração humano.

41 DOS MEIOS DE PREVENIR CRIMES

É melhor prevenir os crimes do que ter de puni-los; e todo legislador sábio deve procurar antes impedir o mal do que repará-lo, pois uma boa legislação não é senão a arte de proporcionar aos homens o maior bem-estar possível e preservá-los de todos os sofrimentos que se lhes possam causar, segundo o cálculo dos bens e dos males desta vida.

Mas, os meios que até hoje se empregam são em geral insuficientes ou contrários ao fim que se propõem. Não é possível submeter a atividade tumultuosa de uma massa de cidadãos a uma ordem geométrica, que não apresente nem irregularidade nem confusão. Embora as leis da natureza sejam sempre simples e sempre constantes, não impedem que os planetas se desviem às vezes dos movimentos habituais. Como poderiam, pois, as leis humanas, em meio ao choque das paixões e dos sentimentos opostos da dor e do prazer, impedir que não haja alguma perturbação e algum desarranjo na sociedade? É essa, porém, a quimera dos homens limitados, quando têm algum poder.

Se se proíbem aos cidadãos uma porção de atos indiferentes, não tendo tais atos nada de nocivo, não se previnem os crimes: ao contrário, faz-se que surjam novos, porque se mudam arbitrariamente as ideias ordinárias de vício e virtude, que todavia se proclamam eternas e imutáveis.

Além disso, a que ficaria o homem reduzido, se fosse preciso interdizer-lhe tudo o que pode ser para ele uma ocasião de praticar o mal? Seria preciso começar por tirar-lhe o uso dos sentidos.

Para um motivo que leva os homens a cometer um crime, há mil outros que os levam a ações indiferentes, que só são delitos perante as más leis. Ora, quanto mais se estender a esfera dos crimes, tanto mais se fará que sejam cometidos. porque se verão os delitos multiplicar-se à medida que os motivos de delitos especificados pelas leis forem mais numerosos, sobretudo se a maioria dessas leis não passarem de privilégios, isto é, de um pequeno número de senhores.

Quereis prevenir os crimes? Fazeis leis simples e claras; fazei-as amar; e esteja a nação inteira pronta a armar-se para defendê-las, sem que a minoria de que falamos se preocupe constantemente em destruí-las.

Não favoreçam elas nenhuma classe particular; protejam igualmente cada membro da sociedade; receie-as o cidadão e trema somente diante delas. O temor que as leis inspiram é salutar, o temor que os homens inspiram é uma fonte funesta de crimes.

Os homens escravos são sempre mais debochados, mais covardes, mais cruéis do que os homens livres. Estes investigam as ciências; ocupam-se com os interesses da nação; veem os objetos sob um ponto de vista elevado, e fazem grandes coisas. Mas, os escravos, satisfeitos com os prazeres do momento, procuram no ruído do deboche uma distração para o aniquilamento em que se veem mergulhados. Toda sua vida está cercada de incertezas, e, como para eles os delitos não estão determinados, não sabem quais serão suas consequências: e isso empresta nova força à paixão que os leva a praticá-los.

Num povo que o clima torna indolente, a incerteza das leis entretém e aumenta a inação e a estupidez.

Numa nação voluptuosa, mas ativa, as leis incertas fazem que a atividade dos cidadãos se limite a pequenas cabalas e intrigas, surdas, que semeiam a desconfiança. Então, o homem mais prudente é aquele que sabe melhor dissimular e trair.

Num povo forte e corajoso, a incerteza das leis é forçada por fim e substituir-se por uma legislação precisa; isso, porém, só acontece depois de revoluções frequentes, que conduziram esse povo, alternativamente, da liberdade à escravidão e da escravidão à liberdade.

Quereis prevenir os crimes? Marche a liberdade acompanhada das luzes. Se as ciências produzem alguns males, é quando estão pouco difundidas; mas, à medida que se estendem, as vantagens que trazem se tornam maiores.

Um impostor ousado (que não pode ser um homem vulgar) faz-se adorar por um povo ignorante e só é objeto de desprezo para uma nação esclarecida.

O homem instruído sabe comparar os objetos, considerá-los sob diversos pontos de vista e modificar os próprios sentimentos pelos dos outros, porque vê nos seus semelhantes os mesmos desejos e as mesmas aversões que agem sobre o seu coração.

Se prodigalizardes luzes ao povo, a ignorância e a calúnia desaparecerão diante delas, a autoridade injusta tremerá, só as leis permanecerão inabaláveis, todo-poderosas; e o homem esclarecido amará uma constituição cujas vantagens são evidentes, uma vez conhecidos seus dispositivos, e que dá bases sólidas à segurança pública. Poderá ele lamentar essa inútil partícula de liberdade de que se privou, se a comparar com a soma de todas as outras liberdades que os seus concidadãos lhe sacrificaram, e se pensar que, sem as leis, estes últimos poderiam armar-se e unir-se contra ele?

Dotado de uma alma sensível, verifica-se que, sob boas leis, o homem só perdeu a funesta liberdade de praticar o mal, forçado a bendizer o trono e o soberano que só o ocupa para proteger.

Não é verdade que as ciências sejam nocivas à humanidade. Se às vezes deram maus resultados, é que o mal era inevitável. Multiplicando-se os homens sobre a superfície da terra, viram-se nascer a guerra, algumas artes grosseiras, e as primeiras leis, que não eram senão convenções momentâneas e que pereciam com a necessidade passageira que as produziria. Foi então que a filosofia começou a aparecer; seus primeiros princípios foram pouco numerosos e sabiamente escolhidos, porque a preguiça e a pouca sagacidade dos primeiros homens os preservam de muitos erros.

Mas, multiplicadas as necessidades juntamente com a espécie humana, foram necessárias impressões mais fortes e mais duráveis para impedir as voltas frequentes, e cada dia mais funestas ao estado selvagem. Foram, pois, um grande bem para a humanidade (digo um grande bem sob o aspecto político) os primeiros erros religiosos que povoaram o universo de falsas divindades e que inventaram um mundo invisível de espíritos encarregados de governar a terra.

Foram benfeitores do gênero humano esses homens audaciosos que ousaram enganar seus semelhantes para servi-los e que arrastaram a ignorância temerosa ao pé dos altares. Apresentando aos homens objetos fora do alcance dos sentidos, interessaram-nos na investigação desses objetos, que fugiam diante deles à medida que os julgavam mais próximos; forçaram-nos a respeitar o que não conheciam bem e souberam concentrar para esse único fim, que os impressionava fortemente, todas as paixões que os agitavam.

Tal foi a sorte de todas as nações que se formaram da reunião de diferentes povoações selvagens. Foi a época da formação das grandes sociedades; e as ideias religiosas foram sem dúvida o único laço que pode obrigar os homens a viverem constantemente sob leis.

Não falo desse povo que Deus escolheu. Os milagres mais extraordinários e os favores mais assinalados que o céu lhe prodigalizou substituíram a política humana.

Mas, como os erros podem subdividir-se ao infinito, as falsas ciências que tais erros produziram fizeram dos homens uma multidão fanática de cegos, perdidos no labirinto em que se encerraram e prestes a chocar-se a cada passo. Então, alguns filósofos sensíveis lamentaram o antigo estado selvagem; e foi nessa primeira época que os conhecimentos, ou antes, as opiniões, tornaram-se funestos à humanidade.

Pode considerar-se como uma época mais ou menos semelhante o momento terrível em que é preciso passar do erro à verdade, das trevas à luz. O choque terrível dos preconceitos úteis a um pequeno número de homens poderosos contra as verdades vantajosas para a multidão fraca, e a fermentação de todas as paixões sublevadas, causam males infinitos aos infelizes humanos.

Percorrendo a história, cujos principais acontecimentos, após certos intervalos, se reproduzem quase sempre, detenhamo-nos na passagem perigosa, mas indispensável, da ignorância à filosofia, e portanto da escravidão à liberdade; e veremos quantas vezes uma geração inteira é sacrificada à felicidade da que deve suceder-lhe.

Quando, porém, a calma está restabelecida, quando já está extinto o incêndio cujas flamas purificaram a nação, livrando-a dos males que a oprimiam, a verdade, que primeiro se arrastava com lentidão, precipita os passos, senta-se nos tronos ao lado dos monarcas e, por fim, nas assembleias das nações, sobretudo nas repúblicas, obtém culto e altares.

Poder-se-á acreditar, então, que as luzes que esclarecem a multidão são mais perigosas do que as trevas? E que filósofo se persuadirá de que o conhecimento exato das relações que unem os objetos entre si possa ser funesto à humanidade?

Se o semi-saber é mais perigoso do que a ignorância cega, porque aos males que produz a ignorância acrescenta ainda os erros inumeráveis que resultam inevitavelmente de uma visão limitada aquém dos limites da verdade, sem dúvida o dom mais precioso que um soberano pode conceder à nação e a si mesmo é confiar o depósito sagrado das leis a um homem esclarecido. Acostumado a ver a verdade sem temê-la, acima dessa necessidade geral dos sufrágios públicos, necessidade que nunca está satisfeita e que tão frequentemente faz sucumbir a virtude; habituado a tudo considerar sob os pontos de vista mais elevados, ele vê a nação como uma família, os seus concidadãos como irmãos; e a distância que separa os grandes do povo lhe parece tanto menor quanto sabe envolver com o olhar maior massa de homens.

O sábio tem necessidades e interesses que o vulgo desconhece; é para ele uma necessidade não desmentir, em sua conduta pública, os princípios que estabeleceu nos seus escritos e o hábito que adquiriu de amar a verdade por si mesmo.

Tais homens fariam a felicidade de uma nação; mas, para tornar essa felicidade durável, é preciso que boas leis aumentem de tal forma o número dos sábios que quase já não seja possível fazer uma escolha errônea.

Outro meio de prevenir os delitos é afastar do santuário das leis a própria sombra da corrupção, interessando os magistrados em conservar em toda a sua pureza o depósito que a nação lhes confia.

Quanto mais numerosos forem os tribunais, tanto menos se poderá temer que violem as leis, porque, entre vários homens que se observam mutuamente, a vantagem de aumentar a autoridade comum é tanto menor quanto menor a parcela de autoridade de cada um e muito pouco considerável para contrabalançar os perigos da empresa.

Se o soberano dá muito aparato, pompa e autoridade à magistratura; se ao mesmo tempo fecha todo acesso aos lamentos justos ou mal fundados do fraco, que se julga oprimido; se acostuma os súditos a temer os magistrados mais do que as leis, aumentará sem dúvida o poder dos juízes, mas somente à custa da segurança pública e particular.

Podem ainda prevenir-se os crimes recompensando a virtude; e pode-se observar que as leis atuais de todas as nações guardam a esse respeito um profundo silêncio.

Se os prêmios propostos pelas academias aos autores das descobertas úteis alargaram os conhecimentos e aumentaram o número dos bons livros, imagine-se que recompensas concedidas por um monarca benfeitor não multiplicariam também as ações virtuosas. A moeda da honra, distribuída com sabedoria, jamais se esgota e produz sempre bons frutos.

Afim, o meio mais seguro, mas ao mesmo tempo mais difícil de tornar os homens menos inclinados a praticar o mal, é aperfeiçoar a educação.

O assunto é vasto demais para entrar nos limites que me prescrevi. Ouso, porém, dizer que está tão estreitamente ligado com a natureza do governo que será apenas um campo estéril e cultivado somente por um pequeno número de sábios, até chegarem os séculos ainda distantes em que as leis não terão outro fim senão a felicidade pública.

Um grande homem, que esclarece os seus semelhantes e que é por estes perseguido, desenvolveu as máximas principais de uma educação verdadeiramente útil[23]. Fez ver que ela consistia bem menos na multidão confusa dos objetos que se apresentam às crianças do que na escolha e na precisão com as quais se lhes expõem.

Provou que é preciso substituir as cópias pelos originais nos fenômenos morais ou físicos que o acaso ou a habilidade do mestre oferece ao espírito do aluno.

Ensinou a conduzir as crianças à virtude, pela estrada fácil do sentimento, a afastá-las do mal pela força invencível de necessidade e dos inconvenientes que seguem a má ação.

---

[23] – Referência à obra Emílio ou Da Educação (1762), romance filosófico em que Jean-Jacques Rousseau propõe um sistema de educação baseado no princípio de que "o homem é naturalmente bom" e de que, sendo má a educação dada pela sociedade, conviria estabelecer "uma educação negativa, como a melhor, ou antes, como a única boa". A despeito de certos paradoxos, esse livro teve influência salutar sobre a educação daquela época.

Demostrou que o método incerto da autoridade imperiosa deveria ser abandonado, pois só produz uma obediência hipócrita e passageira.

42 CONCLUSÃO

De tudo o que acaba de ser exposto, pode deduzir-se um teorema geral utilíssimo, mas conforme ao uso, que é o legislador ordinário das nações:

É que, para não ser um ato de violência contra o cidadão, a pena deve ser essencialmente pública, pronta, necessária, a menor das penas aplicáveis nas circunstâncias dadas, proporcionada ao delito e determinada pela lei.

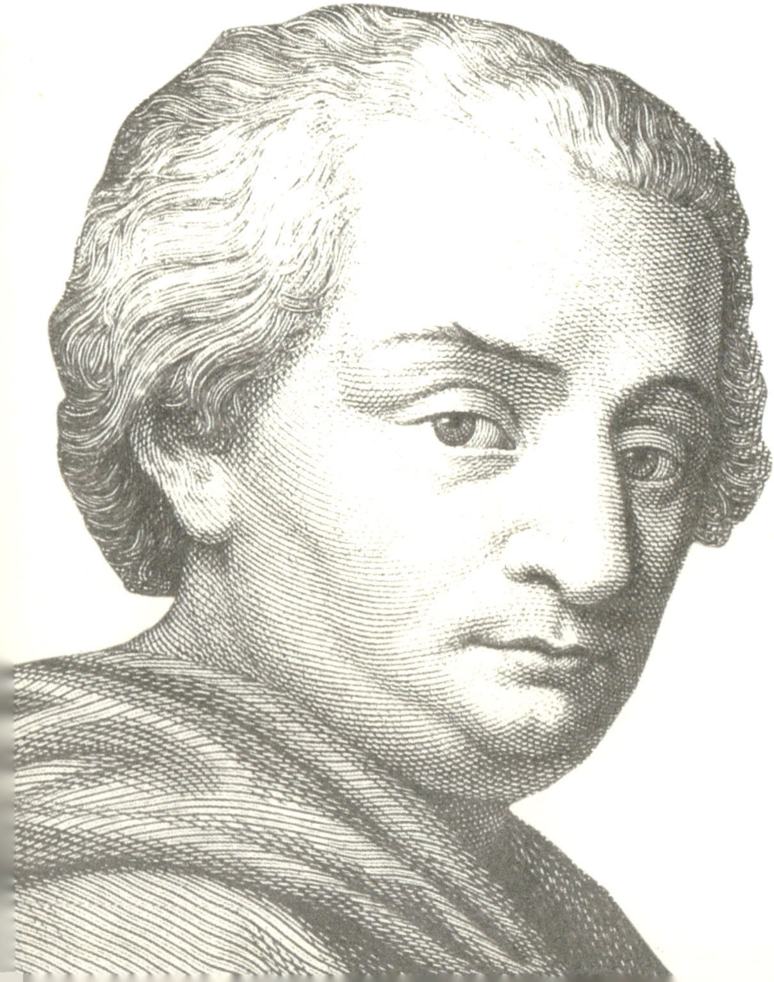

APÊNDICE

APÊNDICE

RESPOSTAS ÀS "NOTAS E OBSERVAÇÕES" DE UM FRADE DOMINICANO SOBRE O LIVRO "DOS DELITOS E DAS PENAS"

Essas notas e observações não passam de uma coleção de injúrias contra o autor do livro Dos Delitos e Das Penas, que é chamado fanático, impostor, escritor falso e perigoso, satírico desenfreado, sedutor do público. É acusado de distilar o fel mais amargo, de juntar a contradições vergonhosas os traços pérfidos e ocultos da dissimulação e de ser obscuro por perversidade. O crítico pode estar certo de que não responderei às personalidades.

Representa ele o meu livro como uma obra horrível, virulenta e de uma licença venenosa, infame, ímpia. Encontra nele blasfêmias impudentes, insolentes ironias, pilhérias indecentes, sutilezas perigosas, motejos escandalosos, calúnias grosseiras.

A religião e o respeito devido aos soberanos são o pretexto para duas das mais graves acusações que se acham nessas Notas e Observações. Serão estas as únicas às quais me julgarei obrigado a responder. Comecemos pela primeira.

I
Acusação de impiedade

1. – "O autor do livro Dos Delitos e das Penas não conhece essa justiça que tem origem no legislador eterno, que tudo vê e prevê".

Eis mais ou menos o silogismo do autor das Notas.

"O autor do livro Dos Delitos não aprova que a interpretação da lei dependa da vontade e do capricho de um juiz. – Ora, aquele que não quer confiar a interpretação da lei à vontade e aos caprichos de um juiz não crê numa justiça emanada de Deus. – O autor não admite, pois, uma justiça puramente divina..."

2. – "Segundo o autor do livro Dos Delitos e das Penas, a Escritura santa só contém imposturas".

Em toda a obra Dos Delitos e das Penas, só se trata da Escritura santa uma única vez; é quando, a propósito dos erros religiosos, no capítulo XLI. Eu disse que não falava desse povo eleito de Deus, para o qual os milagres mais extraordinários e as graças mais assinaladas substituíram a política humana.

3. – "Toda a gente sensata encontrou no autor do livro Dos Delitos e das Penas um inimigo do cristianismo, um mau homem e um mau filósofo".

Pouco me importa parecer ao meu crítico bom ou mau filósofo; os que me conhecem asseguram que não sou mau homem.

Serei, então, inimigo do cristianismo, quando insisto para que a tranquilidade dos templos seja assegurada sob a proteção do governo, e quando digo, ao falar da sorte das grandes verdades, que a revelação é a única que se conservou em sua pureza, em meio às nuvens tenebrosas com que o erro envolveu o universo durante tantos séculos?

4. – "O autor do livro Dos Delitos e das Penas fala da religião como se se tratasse de uma simples máxima política".

O autor do livro Dos Delitos e das Penas chama à religião "um dom sagrado do céu". Será provável que ele trate como simples máxima política o que lhe parece um dom sagrado do céu?

5. – "O autor é inimigo declarado do Ser supremo".

Peço de todo meu coração que esse Ser supremo perdoe a todos os que me ofendem.

6. – "Se o cristianismo causou algumas desgraças e alguns morticínios, ele exagera-os e silencia sobre os bens e as vantagens que a luz do Evangelho espalhou sobre todo o gênero humano".

Não se encontrará um único lugar no meu livro que faça menção aos males causados pelo Evangelho; não citei mesmo um só fato que com isso se relacione.

7. – "O autor profere uma blasfêmia contra os ministros da religião, ao dizer que suas mãos sujaram-se de sangue humano".

Todos os que escreveram a história, desde Carlos Magno[24] até Otão-o-Grande[25], e mesmo depois desse príncipe, proferiram muitas vezes a mesma blasfêmia. Ignorar-se-á que, durante três séculos, o clero, os abades e os bispos não tiveram escrúpulo algum em marchar para a guerra? E não será o caso de dizer, sem blasfemar, que os eclesiásticos que se achavam no meio das batalhas e que participaram da carnificina sujavam as mãos de sangue humano?

8. – "Os prelados da Igreja católica, tão recomendáveis por sua doçura e sua humanidade, passam, no livro Dos Delitos e das Penas, por ser os autores de suplícios tão bárbaros quanto inúteis".

Não tenho culpa de ser obrigado a repetir mais de uma vez a mesma coisa. Não se citará na minha obra uma só frase que diga que os prelados inventaram suplícios.

9. – "A heresia não pode chamar-se crime de lesa-majestade divina, segundo o autor do livro Dos Delitos e das Penas".

Não há em todo o meu livro uma palavra que possa dar lugar a tal imputação. Propus-me apenas tratar Dos Delitos e das Penas, e não dos pecados.

---

(24) – Carlos Magno ou Carlos I (742-814), rei dos Francos e imperador do Ocidente, era filho de Pepino-o-Breve, do qual sucedeu em 768. Político profundo e hábil organizador, estimava e protegia as letras, criando escolas, rodeando-se de homens eminentes e governando com sabedoria o seu imenso império.

(25) – Otão I, o Grande (912-973), imperador da Alemanha desde 936, tendo governado com grande habilidade.

Eu disse, falando do crime de lesa-majestade, que somente a ignorância e a tirania, que confundem as palavras e as ideias mais claras, podem chamar por esse nome e punir como tais, com o último suplício, delitos de natureza diferente. O crítico talvez ignore quanto se abusa da palavra lesa-majestade nos tempos de tirania e de ignorância, aplicando-a a delitos de gênero inteiramente diverso, pois não conduziam imediatamente à destruição da sociedade. Consulte a lei dos imperadores Graciano[26], Valentiniano[27] e Teodósio[28]; observe como são considerados criminosos de lesa-majestade aqueles que ousam duvidar da bondade da escolha do imperador, quando este conferia algum emprego. Uma outra lei de Valentiniano, de Teodósio e de Arcácio[29] ensinar-lhe-á que os moedeiros falsos também eram criminosos de lesa-majestade. Era preciso um decreto do Senado para livrar da acusação de lesa-majestade aquele que tivesse fundido estátuas dos imperadores, embora velhas e mutiladas. Somente depois de um edito dos imperadores Severo[30] e Antonino é que se deixou de intentar a ação de lesa-majestade contra os que vendiam as estátuas dos imperadores; e esses príncipes baixaram um decreto que proibia a perseguição por esse crime daqueles que acaso tivessem lançado uma pedra contra a estátua de um imperador. Domiciano[31] condenou à morte uma dama romana, por se ter despido diante de sua estátua. Tibério[32] mandou matar, como criminoso de lesa-majestade, um cidadão que vendera uma casa em que se achava a estátua do imperador.

---

(26) – Imperador romano de 375 a 383.

(27) – Imperador romano de 364 a 375, cujo governo foi assinalado por grande severidade e intolerância religiosa.

(28) – Teodósio I, o Grande (346-395), imperador romano que contribuiu para o triunfo do cristianismo sobre o paganismo.

(29) – Arcádio (376-408), filho de Teodósio, imperador do Oriente desde 395.

(30) – Alexandre Severo (208-235), imperador romano, sucessor de Heliogábalo.

(31) – Imperador romano de 81 a 96, filho de Vespasiano e de Tito, célebre por sua crueldade. Morreu assassinado, sendo cúmplice do crime sua própria mulher. Foi o último dos doze Césares.

(32) – Segundo imperador romano, de 14 a 37, famoso por sua desumanidade.

Em séculos menos distantes do nosso, verá Henrique VIII[33] abusar de tal modo das leis que fez perecer por um suplício infame o duque de Norfolk, sob o pretexto de crime de lesa-majestade, porque ele juntara as armas da Inglaterra às de sua família. Esse monarca chegou a declarar culpado do mesmo crime quem quer que ousasse prever a morte do príncipe; daí resultou que, na sua última moléstia, os seus médicos recusaram adverti-lo do perigo em que se achava.

10. – "Segundo o autor do livro Dos Delitos e das Penas, os hereges anatematizados pela Igreja e proscritos pelos príncipes são vítimas de uma palavra".

Todas essas interpretações são forçadas. Limitei-me a falar do crime de lesa-majestade humana; e a palavra lesa-majestade serviu muitas vezes de pretexto à tirania, sobretudo ao tempo dos imperadores romanos. Toda ação que tivesse a desgraça de desagradar-lhes tornava-se logo um crime de lesa-majestade. Suetônio[34] diz que o crime de lesa-majestade era o delito dos que não tinham cometido delito algum. Se eu disse que a ignorância e a tirania deram esse nome a delitos de natureza diferente e tornaram os homens vítimas de uma palavra, não fiz senão falar segundo a história.

11. – "Não será uma horrível blasfêmia sustentar, com o autor do livro Dos Delitos e das Penas, que a eloquência, a declamação e as mais sublimes verdades são um freio demasiado fraco para reter por muito tempo as paixões humanas?"

Não penso que a acusação de blasfêmia recaia sobre o que eu disse da eloquência e da declamação. O acusador quis, de certo, referir-se à insuficiência que eu atribuo às mais sublimes verdades. Pergunto-lhe se julga que na Itália se conhecem essas sublimes verdades, isto

---

(33) – Henrique VIII (1491-1547), rei da Inglaterra desde 1509, rompeu com a Igreja católica e fundou o anglicanismo. Instruído, artista, mas cruel e libertino.

(34) – Historiador latino, autor da obra Os doze Césares, coleção de anedotas de imenso interesse documental.

é, as da fé. Sem dúvida, responder-me-á que sim. Mas serviram tais verdades de freio às paixões humanas na Itália? Todos os oradores sacros, todos os juízes, todos os homens, numa palavra, assegurar-me--ão o contrário. É um fato, pois, que as sublimes verdades são, para as paixões humanas, um freio que as não refreia ou que logo se parte; e, enquanto houver num país católico, juízes criminosos, prisões e castigos, estará provada a insuficiência das sublimes verdades.

12. – "O autor do livro Dos Delitos e das Penas escreve imposturas sacrílegas contra a Inquisição".

Meu livro não faz nenhuma menção, nem direta, nem indireta, à Inquisição. Pergunto, porém, ao meu acusador se lhe parece bem conforme ao espírito da Igreja a condenação de homens à morte nas fogueiras. Não é do seio mesmo de Roma, sob os olhos do vigário de Jesus Cristo, na capital da religião católica, que se cumprem hoje, para com protestantes de qualquer nação, todos os deveres de humanidade e hospitalidade? Os últimos papas, e sobretudo o atual, receberam e recebem com a maior bondade os ingleses, os holandeses e os russos; esses povos, de seitas e religiões diferentes, têm em Roma toda a liberdade passível, e ninguém está mais certo do que eles de gozar ali da proteção das leis e do governo.

13. – "O autor do livro Dos Delitos e das Penas representa, sob cores odiosas, as ordens religiosas e sobretudo os frades".

Seria difícil citar um só lugar do meu livro que faça menção de ordens religiosas ou de frades, a menos que se interprete arbitrariamente o capítulo em que falo da ociosidade.

14. – "O autor do livro Dos Delitos e das Penas é um desses escritores ímpios, para os quais os eclesiásticos não passam de charlatães, os monarcas de tiranos, os santos de fanáticos, a religião de impostura, e que nem mesmo respeitam a majestade do Criador, contra o qual vomitam blasfêmias hediondas".

Passemos às acusações de sedição.

II
Acusações de sedição

1. – "O autor do livro Dos Delitos e das Penas considera todos os príncipes e todos os soberanos do século como tiranos cruéis".

Só uma vez falei no meu livro dos soberanos e dos príncipes que reinam atualmente na Europa; e eis o que digo: "Feliz o gênero humano, se, pela primeira vez, recebesse leis! Hoje, que vemos elevados nos tronos da Europa, etc." (Ver o fim do cap. XVI).

2. – "Não podem deixar de espantar a confiança e a liberdade com que o autor do livro Dos Delitos e das Penas se volta furioso contra os soberanos e os eclesiásticos".

A confiança e a liberdade não são um mal. Qui ambulat simpliciter, ambulat confidenter; qui autem depravat vias suas, manifestus erit[35].

Se aprovei nos súditos certo espírito de independência, foi na medida que se submetessem às leis e fossem respeitosos para com os primeiros magistrados. Desejo mesmo que os homens, não tendo que temer a escravidão, mas gozando de sua liberdade sob a proteção das leis, se tornem soldados intrépidos, defensores da pátria e do trono, cidadãos virtuosos e magistrados incorruptíveis, que levem ao pé do trono os tributos e o amor de todas as ordens da nação e que espalhem nas cabanas a segurança e a esperança de uma sorte cada vez mais doce. Já não estamos nos séculos de Calígula[36], de Nero[37], de Heliogábalo[38]; e o crítico faz muito pouca

---

[35] – "Quem caminha livremente, caminha com confiança; quem, porém, se desvia do seu caminho, será descoberto".

[36] – Calígula (12-41), imperador romano desde 37. Famoso por sua crueldade, desejava que o povo romano tivesse uma só cabeça para a decepar de um golpe. Sua insensatez chegou ao ponto de dar o título de cônsul ao seu cavalo Incitatus.

[37] – Imperador romano de 54 a 68, que se celebrizou por sua crueldade.

[38] – Imperador romano de 218 a 222 e que se tornou famoso por suas loucuras e crueldades.

justiça aos príncipes reinantes acreditando que os meus princípios possam ofendê-los.

3. - "O autor do livro Dos Delitos e das Penas sustenta que o interesse do particular supera o de toda a sociedade em geral ou dos que a representam".

Se houvesse tal absurdo no livro Dos Delitos e das Penas, não creio que o meu adversário tivesse feito um livro de 191 páginas para refutá-lo.

4. - "O autor do livro Dos Delitos e das Penas contesta aos soberanos o direito de punir com a morte".

Como não se trata aqui nem de religião nem de governo, mas somente da justeza de um raciocínio, meu acusador tem toda a liberdade de julgar o que quiser. Reduzo o meu silogismo desta forma:

Não se deve infligir a pena de morte, se esta não é verdadeiramente útil e necessária; Mas, a pena de morte não é necessária nem verdadeiramente útil; Não deve, pois, infligir-se a pena de morte.

Não é este o lugar para uma dissertação sobre os direitos dos soberanos. O crítico não quererá, certamente, sustentar que se deva infligir a pena de morte, mesmo quando ela não é verdadeiramente útil, nem necessária. Proposta tão cruel e escandalosa não pode sair da boca de um cristão. Se a segunda parte do silogismo não é exata, tratar-se-á de um crime de lesa-lógica e nunca de lesa-majestade. Podem, aliás, escusar-se os meus pretensos erros; assemelham-se eles àqueles em que incidiram tantos cristãos zelosos da primitiva Igreja[39]; assemelham-se àqueles em que incorreram os frades da época de Teodósio-o-Grande, no fim do IV século. Nos

---

(39) - "Podem consultar-se os santos padres e, entre outros, Tertuliano na sua Apolog., cap. XXXVII, onde ele diz que os cristãos tinham por máxima sofrer ante a própria morte do que dá-la a alguém. E, no seu Tratado de Idolatria, caps. XVII e XXI, condena ele toda espécie de cargos públicos, como interditos aos cristãos, porque não era possível exercê-los sem que, às vezes, fosse obrigado a pronunciar a pena de morte contra os criminosos".

seus Anais da Itália, diz Muratori[40] que, no ano 389, "Teodósio fez uma lei pela qual ordenava aos frades que permanecessem nos conventos, porque levavam a caridade pelo próximo ao ponto de arrancar os criminosos das mãos da justiça, não querendo que se mandasse matar ninguém". Minha caridade não vai tão longe e convirei de bom grado que a daquele tempo se conduzia por falsos princípios. Uma ação violenta contra a autoridade pública é sempre criminosa.

Restam-me ainda duas palavras que dizer. Haverá no mundo uma lei que proíba dizer-se ou escrever-se que um Estado pode existir e conservar a paz interna sem empregar a pena de morte contra qualquer culpado? Conta Deodoro[41] (liv. I, cap. LXV) que Sabacão, rei do Egito, fez-se admirar como modelo de demência, porque comutou as penas capitais nas da escravidão e porque deu um emprego feliz à sua autoridade condenando os culpados aos trabalhos públicos. Estrabão[42] (liv. XI) informa-nos que havia, perto do Cáucaso, algumas nações que não conheciam a pena de morte, mesmo quando o delito merecia os maiores suplícios, *nemini mortem irrogare, quamvis pessima merito*[43]. Essa verdade é consignada na história romana, na época da lei Pórcia, que proíbe que se tire a vida de um cidadão romano, se a sentença de morte não for revestida do consenso geral de todo o povo. Tito Lívio[44] fala dessa lei (liv. X, cap. IX). Finalmente, o exemplo recente de um reinado de vinte anos, no mais vasto império do mundo, a Rússia, atesta ainda essa verdade: a imperatriz Isabel, morta há alguns anos, jurou, ao subir ao trono dos czares, que não faria morrer nenhum culpado

---

(40) – Lodovico Antonio Muratori (1672-1750), historiador Italiano.

(41) – Deodoro da Sicília, autor de uma Biblioteca Histórica.

(42) – Geógrafo grego, autor de uma preciosa Geografia. Morreu sob Tibério.

(43) – "Não condenar ninguém à morte, nem mesmo pelo pior delito".

(44) – Tito Lívio (59 a. C. – 19 d. C.), historiador latino, nascido em Pádua. Deixou, sob o título de Décadas, uma história romana, mais notável pelo estilo do que pela autenticidade dos fatos.

sob o seu reinado. Essa augusta princesa nunca deixou de cumprir o feliz compromisso que assumira, sem interromper o curso da justiça criminal e sem prejudicar a tranquilidade pública. Se esses fatos são incontestáveis, será, então verdade dizer que um Estado pode subsistir e ser feliz sem punir de morte nenhum criminoso.

EXTRATO DA CORRESPONDÊNCIA DE BECCARIA E DE MORELLET SOBRE O LIVRO *"DOS DELITOS E DAS PENAS"*

De Morellet[45] a Beccaria

Paris, fevereiro de 1766. Senhor:

Sem ter a honra de conhecer-vos, julgo-me no direito de endereçar-vos um exemplar da tradução que fiz de vossa obra Dei Delitti e delle Pene. Os homens de letras são cosmopolitas e de todas as nações; estão ligados por laços mais estreitos do que os que unem os cidadãos de um mesmo país, os habitantes de uma mesma cidade e os membros de uma mesma família. Julgo, pois, poder entrar convosco num comércio de ideias e de sentimentos que me será bastante agradável, se não vos recusardes ao entusiasmo de um homem que vos estima sem conhecer-vos pessoalmente, mas que adquiriu esses sentimentos por vós na leitura do vosso excelente trabalho.

Foi o sr. de Malesherbes[46], com quem tenho a honra de conviver, que me empenhou em fazer passar vosso livro para a nossa língua. Eu não tinha necessidade, para tanto, de esforçar-me muito. Era-me uma ocupação agradável tornar-me, para minha nação e para o país em que nossa língua está difundida, o intérprete e o órgão das ideias fortes e grandes e dos sentimentos de benevolência de que vossa obra está cheia. Parecia-me que me associaria ao bem que fazíeis aos homens e que poderia igualmente pretender certo reconhecimento da parte dos corações sensíveis, aos quais são caros os interesses da humanidade.

---

(45) – André Morellet (1727-1819), abade, literato e economista francês, colaborador da Enciclopédia.

(46) – Chrétien-Guillaume de Lamoignon de Malesherbes (1721-1794), magistrado de grande reputação, ministro sob Luiz XVI, que ele defendeu perante a Convenção. Morreu no cadafalso.

Faz hoje oito dias que minha tradução apareceu. Eu não quis escrever-vos mais cedo, porque julguei dever esperar que pudesse instruir-vos sobre a impressão causada por vossa obra. Ouso, pois, assegurar-vos, Senhor, que o êxito é universal e que, além da atenção despertada pelo livro, se formaram pelo autor sentimentos que podem lisonjear-vos ainda mais, isto é, a estima, o reconhecimento, o interesse, a amizade. Estou particularmente encarregado de apresentar-vos os agradecimentos e os cumprimentos do sr. Diderot[47], do Sr. Helvétius[48], do Sr. de Buffon[49]. Já conversamos muito com o sr. Diderot sobre vossa obra, que é bem capaz de pôr fogo a uma cabeça tão quente como é a dele. Terei algumas observações que vos comunicar, que são o resultado das nossas conversas. O sr. de Buffon serviu-se das expressões mais fortes para testemunhar-me o prazer que vosso livro lhe causou; e pede-vos aceiteis os seus cumprimentos. Levei também vosso livro ao Sr. Rousseau[50], que está em Paris de viagem para a Inglaterra, aonde vai estabelecer-se, e que parte por estes dias. Ainda não posso dizer-vos sua impressão, porque não tornei a vê-lo. Talvez possa conhecê-la hoje por intermédio do Sr. Hume[51], com quem irei jantar; estou, porém, certo da impressão que ele terá. O sr. Hume, que vive há tempos conosco, encarregou-me, igualmente, de dizer-vos mil coisas de sua parte.

A essas pessoas, que conheceis por sua reputação, acrescento

---

[47] - Denis Diderot (1713-1784), filósofo francês, ardente propagandista das ideias filosóficas do século XVIII, um dos fundadores da Enciclopédia. Deixou várias obras importantes.

[48] - Claude-Arien Hélvetius (1715-1771), literato e filósofo francês, autor do livro Do Espírito.

[49] - Georges-Louis Leclerc de Buffon (1707 1778), naturalista e escritor francês, autor da História Natural.

[50] - Jean-Jacques Rousseau (1712-1778), filósofo e escritor francês, nascido em Genebra, autor da Nova Heloísa, do Contrato Social, do Emílio ou Da Educação, Confissões e Discursos sobre as Ciências e as Artes e sobre a Origem da Desigualdade.

[51] - David Hume (1711-1776), filósofo e historiador inglês, criador da filosofia fenomenista, autor de um célebre Ensaio sobre o Entendimento Humano.

um homem infinitamente estimável que as reúne em sua casa, o Sr. barão d'Holbach[52], autor de excelentes trabalhos impressos, de química e de história natural, e de muitos outros que não foram publicados; filósofo profundo, juiz esclarecidíssimo de todos os gêneros de conhecimentos, alma sensível e aberta à amizade. Não posso exprimir-vos a impressão que vosso livro lhe causou, nem quanto ele ama e estima a obra, e o autor. Como passamos a vida em casa dele, seria preciso que o conhecêsseis primeiro, porque, se pudermos ter a honra de atrair-vos a Paris, esta casa será a vossa. Envio-vos, pois, igualmente, os seus agradecimentos e as suas saudações. Não vos falo do Sr. d'Alembert[53], que vos escreveu e me disse que queria juntar ainda uma palavra à minha carta. Deveis conhecer sua opinião sobre vossa obra. Quanto à tradução, compete-lhe dizer-vos se ficou satisfeito...

Não vos ocultarei a mais forte razão que me determinou a tratar de vos dar alguma boa opinião de mim: a esperança de que me perdoareis mais facilmente a liberdade que tomei de fazer algumas modificações na disposição de algumas partes do vosso trabalho. Apresentei no prefácio as razões gerais que me justificam: convosco, porém, devo alongar-me um pouco a esse respeito. Para o espírito filosófico que se torna senhor da matéria, nada mais fácil do que apreender o conjunto de vosso tratado, cujas partes se ligam estreitamente e dependem todas do mesmo princípio. Mas, para os leitores vulgares e menos instruídos, e sobretudo para os leitores franceses, julgo ter seguido um caminho mais regular e em tudo mais conforme ao gênio de minha nação e à feição dos nossos livros.

A única objeção que posso temer é a censura de ter diminuído a força e o calor do original, pelo restabelecimento mesmo dessa

---

(52) – Paul-Henri Holbach (1723-1789), barão, filósofo materialista francês, amigo e protetor dos Enciclopedistas

(53) – Jean le Rond d'Alembert (1717-1783), célebre escritor, filósofo e matemático francês, um dos fundadores da Enciclopédia.

ordem. Eis minhas respostas: Sei que a verdade tem a maior necessidade da eloquência e do sentimento. Seria absurdo pensar o contrário, e sobretudo não seria convosco que se poderia avançar tão estranho paradoxo.

Mas, se não é preciso sacrificar o calor à ordem, creio não ser preciso tão pouco sacrificar a ordem ao calor; e tudo irá bem se se puderem conciliar essas duas coisas a um tempo. Resta, pois, examinar, se me saí bem nessa conciliação.

Se minha tradução tem menos calor do que o original, seria preciso atribuir essa falha a muitas outras causas, e não à diferença da ordem. Seria ou a fraqueza do estilo do tradutor, ou a natureza mesma de toda tradução, que deve ficar abaixo do original, sobretudo nas coisas de sentimento.

Não devo dissimular-vos outra objeção que me fizeram. Disseram-me que um autor poderia chocar-se ao ver em sua obra modificações mesmo úteis. Mas, Senhor, essa maneira de ver não poderia ser a vossa. Assim pelo menos o julguei. Um homem de gênio, que fez uma obra admirável, cheia de ideias novas e fortes, e excelente pelo fundo, deve poder ouvir dizer friamente que o seu livro não tem toda a ordem de que era suscetível. Deve ir mesmo até à adoção das modificações feitas, se forem úteis e baseadas em boas razões. Eis Senhor, a coragem que espero de vós. Rejeitai, dentre as modificações feitas por mim, aquelas que vos parecem mal-entendidas; conservai as que estiverem bem, e acreditai que só tereis feito aumentar vossa reputação. Sois digno de que eu use para convosco dessa confiança, e me lisonjeio de que o aproveis.

Terminarei minha justificativa citando-vos grandes autoridades que aplaudiram a liberdade por mim tomada. O sr. d'Alembert permite-me que vos diga ser essa a sua opinião. O sr. Hume, que leu com muito cuidado o original e a tradução, é do mesmo parecer. Eu poderia citar-vos ainda numerosas pessoas instruídas que assim também o julgaram.

A avidez com a qual o público recebeu aqui vossa obra faz-me acreditar que a nossa primeira edição breve estará esgotada e que, antes de um mês, será preciso fazer outra. Se, na disposição que apresentei, separei ideias que devam estar ligadas, ou fiz aproximações que vos pareçam prejudicar o sentido, peço-vos que a respeito me participeis vossas observações, e, numa nova edição, não deixarei de conformar-me com vossas opiniões...

Termino, Senhor, esta longa carta, rogando-vos que me considereis como um dos vossos maiores admiradores e como um dos homens que mais vivamente desejam participar de vossa estima e de vossa amizade. Muito me afligiria a ideia de não vô-lo poder dizer um dia a vós mesmos. Estou ansioso por ter vossas notícias, conhecer vosso juízo sobre a minha tradução, saber se continuais a marchar na bela estrada que vos abristes e a ocupar-vos com o bem da humanidade.

É com tais sentimentos de respeito, de estima e de amizade que tenho a honra de ser, etc.

Morellet.

De Beccaria a Morellet

Milão, maio de 1766.

Permiti-me, Senhor, que empregue convosco as fórmulas usadas na vossa língua, como mais cômodas, mais simples, mais verdadeiras, mais dignas por isso de um filósofo como vós. Permiti-me, igualmente, que me sirva de um copista, por ser a carta que vos escrevi muito pouco legível. A mais profunda estima, o maior reconhecimento, a mais terna amizade, são os sentimentos que fez nascer em mim a carta encantadora que vos dignastes escrever-me. Eu não saberia exprimir-vos quanto me honra ver minha obra traduzida na língua de uma nação que esclarece e instrui a Europa.

Tudo devo, eu mesmo, aos livros franceses. Foram eles que desenvolveram em minha alma os sentimentos de humanidade sufocados por oito anos de educação fanática. Eu já respeitava vosso nome pelos excelentes artigos que inseristes na obra imortal da Enciclopédia[54]; e foi para mim a mais agradável surpresa saber que um homem de letras da vossa reputação dignava-se de traduzir o meu tratado Dos Delitos. Agradeço-vos, de todo o meu coração, o presente que me fizeste de vossa tradução, assim como vossa atenção em satisfazer o interesse que eu tinha em lê-la. Li-a com um prazer que não posso exprimir-vos, e achei que embelezastes o original. Protesto-vos com a maior sinceridade que a ordem que seguistes parece-me, a mim mesmo, mais natural e preferível à minha, e que lamento que a nova edição italiana esteja quase terminada, porque do contrário eu me poria inteira ou quase inteiramente de acordo com o vosso plano.

Minha obra nada perdeu de sua força em vossa tradução, exceto nos lugares em que o caráter essencial a uma e a outra língua estabeleceu certa diferença entre vossa expressão e a minha. A língua italiana é mais maleável e dócil, e talvez, por ser menos cultivada no gênero filosófico, possa adotar expressões que a vossa recusaria empregar. Não vejo solidez na objeção que vos fizeram, de que a mudança da ordem poderia fazer perder a força. A força consiste na escolha das expressões e na aproximação das ideias; e a confusão só pode prejudicar esses dois efeitos.

O receio de ferir o amor-próprio do autor não devia deter-vos mais. Primeiro, porque, como vós mesmo o dissestes com razão em vosso excelente prefácio, um livro em que se defende a causa da humanidade, uma vez tornado público, pertence ao mundo e a todas as nações; e, relativamente a mim em particular, eu teria feito muitos poucos progressos na filosofia do coração, que colo-

---

(54) – Publicação monumental, dirigida por d'Alembert e Diderot, que foi uma verdadeira máquina de guerra posta ao serviço das doutrinas filosóficas do século XVIII (1751-1772).

co acima da do espírito, se não tivesse adquirido a coragem de ver e amar a verdade. Espero que a quinta edição, que deve aparecer breve, esteja logo esgotada; e asseguro-vos que na sexta observarei inteiramente, ou quase inteiramente, a ordem de vossa tradução, que dá maior relevo às verdades que tratei de coligir. Digo quase inteiramente, porque, segundo uma leitura única e rápida que fiz até este momento não posso decidir-me com inteiro conhecimento de causa sobre as particularidades como já o fiz sobre o conjunto.

A impaciência que meus amigos têm de ler vossa tradução forçou-me, Senhor a deixá-la sair de minhas mãos logo depois de a ter tido, e sou obrigado a dar em outra carta a explicação de certas passagens que julgastes obscuras. Devo dizer-vos, porém, que tive, ao escrever, os exemplos de Machiavelli[55], de Galileu[56] e de Giannone ante os meus olhos. Ouvi o ruído das cadeias firmar a superstição, e os gritos de fanatismo abafar os gemidos da verdade. A visão desse espetáculo medonho determinou-me, algumas vezes, a envolver a luz de nuvens. Quis defender a humanidade sem ser mártir. Essa ideia, de que eu devia ser obscuro, tornou-me às vezes tal, sem necessidade. Acrescentai a isso a inexperiência e a falta de hábito de escrever, perdoáveis num autor que tem apenas vinte e sete anos e que há somente cinco anos entrou na carreira das letras.

Ser-me-ia impossível pintar-vos, Senhor, a satisfação com a qual vejo o interesse que tomais por mim, e quanto me comovem as demonstrações de estima que me dais, e que não posso aceitar

---

[55] – Nicolau Machiavelli (1469-1527) político e historiador italiano, autor das Décadas sobre Tito Lívio e do Príncipe.

[56] – Galileu Galilei (1564-1642), ilustre matemático, físico e astrônomo italiano, nascido em Pisa. Proclamou, partilhando a teoria de Copérnico, que o Sol, e não a Terra, é o centro do mundo planetário, e que a Terra gira em torno de si mesma e tem também, como os outros planetas, um movimento de translação ao redor do Sol. Foi por isso denunciado como herege e obrigado pela Inquisição a abjurar de joelhos as suas afirmações (1633). Depois dessa abjuração, que o livrou da fogueira, foi condenado ao cativeiro e morreu cego alguns anos mais tarde. É famosa sua frase: E pur si muove! (E contudo se move!), que teria proferido ao ser obrigado a abjurar.

sem ser vão, nem rejeitar sem fazer-vos injúria. Recebi com o mesmo reconhecimento e a mesma confusão as coisas lisonjeiras que me dissestes da parte desses homens célebres que honram a humanidade, a Europa e a sua nação. D'Alembert, Diderot, Helvétius, Buffon, Hume, nomes ilustres que não se pode ouvir pronunciar sem ficar comovido, assim como vossas obras imortais, são minha leitura contínua, o objeto de minhas ocupações durante o dia e de minhas meditações no silêncio da noite. Cheio das verdades que ensinais, como poderia eu incensar o erro e aviltar-me ao ponto de mentir à posteridade?...

Minha única ocupação é cultivar em paz a filosofia, e contentar assim três sentimentos muito vivos em mim: o amor à reputação literária, o amor à liberdade e a compaixão pelas desgraças dos homens, escravos de tantos erros. Data de cinco anos a época de minha conversão à filosofia, e devo-a à leitura das Cartas Persas[57].

A segunda obra que completou a revolução do meu espírito foi a do sr. Helvétius. Foi ele quem me lançou com força no caminho da verdade e quem primeiro despertou minha atenção para a cegueira e as desgraças da humanidade. Devo à leitura do Espírito[58] uma grande parte de minhas ideias...

O Sr. conde Firmiani regressou a Milão há vários dias, mas está muito ocupado, e ainda não pude vê-lo. Ele protegeu meu livro, e é a ele que devo minha tranquilidade.

Remeter-vos-ei breve algumas explicações das passagens que achastes obscuras e que não pretendo justificar, porque não escrevi para não ser entendido. Rogo-vos encarecidamente me envieis

---

[57] – Cartas satíricas que Montesquieu publicou em 1721, sob o anônimo. É uma correspondência imaginária de dois persas chegados à Europa, Rica e Uzbek, dirigida aos seus amigos da Pérsia e na qual o autor passa em revista, com plena liberdade, a política, a religião e toda a sociedade francesa de sua época.

[58] – Obra publicada em 1758 e na qual Helvétius aconselha o materialismo, tendo provocado os mais vivos protestos.

vossas observações e as dos vossos amigos, para que eu as aproveite numa sexta edição. Comunicai-me, sobretudo, o resultado de vossas palestras, sobre meu livro com o sr. Diderot. Desejo vivamente saber que impressão teve de mim essa alma sublime...

Tenho a honra de ser, etc.

Beccaria

Impressão e acabamento: **Gráfica Oceano**